# KLEINE GÄRTNER GROSSE ERNTE

## VOM BEET IN DEN TOPF AUF DEN TELLER!

Mit lustigen Bastel- und Dekoideen

RADA KOS

# VOM BEET IN DEN TOPF AUF DEN TELLER!

RADA KOS

# KLEINE GÄRTNER GROSSE ERNTE

# INHALT

WIE WÄCHST DA WAS? 11

Projekt REGENWURMFARM 12
WAS PFLANZEN WOLLEN 13
Projekt BOHNENBEOBACHTUNG 15
VON DER BLÜTE ZUR FRUCHT 16

SO VIEL ZU TUN! 18

Projekt GARTENGERÄTE 20
WICHTIGE WERKZEUGE 21
ANZUCHTTÖPFCHEN 22
TÖPFE ODER KÖRBE? 23
SÄEN UND PFLANZEN 24
DAS PFLANZEN VON SETZLINGEN 26
IM FREIEN SÄEN 27
BEETMARKIERUNG 28
Projekt VOGELSCHEUCHE 30
GUTE NACHBARSCHAFT 32
FRUCHTFOLGE 34
KOMPOST 36
TIERE IM KOMPOST 37
PFLANZENMEDIZIN 38
Projekt BRENNNESSELJAUCHE 39
SCHON WIEDER UNKRAUT! 40
Rezept LÖWENZAHNHONIG 40
MULCHEN 41
DAS GARTENJAHR 42
SAATGUT SAMMELN 44
Projekt SAMENBOMBEN 45
GARTENDEKO 46

KLEINE MITBEWOHNER 49

TIERISCHE HELFER 50
WO KLEINE KRABBLER WOHNEN 51
Projekt INSEKTENHOTEL 52

HÜTTEN UND PALÄSTE 53
Projekt VOGELPLÄTZCHEN 54
NISTKÄSTEN 55

AB IN DEN TOPF! 57
TOMATEN 58
AUBERGINEN 60
PAPRIKA UND CHILI 62
Rezept SCHMECKT NACH MEER! 64
Rezept MHM, HAMBURGER! 65
ZUCCHINI 66
KÜRBIS 68
Rezept GEFÜLLTE ZUCCHINIBLÜTEN 70
Rezept KÜRBISRISOTTO 71
GURKEN 72
ZUCKERMAIS 73
Rezept SOMMERWASSER 74
SALAT 75
BOHNENTIPI 76
ERBSEN 78
KARTOFFELN 80
Rezept ERBSENDIP 82
Rezept BRATKARTOFFELSALAT 83
KAROTTEN 84
SPINAT 86
MANGOLD 87
ROTE BETE 88
Rezept KNALLROTER SIRUP 89
ZWIEBELN 90
Rezept FEINE FLAMMKUCHEN 91
ERDBEEREN 92
Rezept ERDBEEREIS 93
HIMBEEREN 94
Rezept LUXUSLEBKUCHEN 95

KRÄUTERDUFT 97
DUFTE KRÄUTER 98
DAS GARTENJAHR 98
Rezept KRÄUTERSCHNECKEN 100
BORRETSCH 101
Rezept ZUCKERBLÜTEN 101
STUDENTENBLUME 102
RINGELBLUME 102
KAPUZINERKRESSE 103
Rezept BLÜTENBUTTER 103
KAMILLE 104
LAVENDEL 104
Rezept LAVENDELDUETT 105

BUCHEMPFEHLUNGEN FÜR DICH 106
IMPRESSUM 110

# WIE WÄCHST DA WAS?

PROJEKT

# REGENWURM-FARM

Regenwürmer, absolut unentbehrliche Gartenhelfer, bringen abgestorbene Pflanzen und Sauerstoff in den Boden. Sie fressen die Erde mitsamt den Pflanzenresten, verdauen sie und scheiden sie in einem noch zersetzteren Zustand wieder aus. Sie verwandeln so den Boden in humus- und nährstoffreiche Erde. Mit ihren Ausscheidungen düngen die Regenwürmer den Boden. Ihre kleinen braunen Häufchen auf der Erdoberfläche werden Losung genannt. Durch die Tunnel, die von Regenwürmern unter der Erde gegraben werden, gelangt Luft an die Wurzeln.

## Wie Regenwürmer leben

Wie wäre es mit einer Regenwurmfarm? Dann könntest du beobachten, wie die Würmer Tunnel bauen und organische Stoffe in fruchtbaren Boden verwandeln. Fülle dazu ein großes Glas abwechselnd mit Sand und Erde. Besprühe jede Schicht mit Wasser. Lege die Regenwürmer auf die oberste Schicht und bedecke sie sanft mit vertrockneten Blättern, Kartoffel- und Karottenschalen, ihrem Futter. Verdunkle das Glas mit einem Tuch. Nach einigen Tagen kannst du das Tuch wegnehmen und sehen, was deine Würmer geschaffen haben. Beobachte die Würmchen ein paar Wochen lang. Füttere sie und sorge dafür, dass der Boden immer feucht bleibt. Wenn du deine Beobachtungen abgeschlossen hast, bringst du die Regenwürmer wieder zurück in die Natur, damit sie dort ihre Arbeit fortsetzen können.

Regenwurmkot ist ein Schatz für den Garten!

Hast du bemerkt, dass Regenwürmer bei Regen aus der Erde kommen? Regenwürmer atmen nämlich durch die Haut. Wenn ihre Tunnel mit Wasser überflutet sind, kriechen sie an die Oberfläche, um nicht zu ersticken. Dann ist es Zeit sie einzusammeln und in dein Glas umzusiedeln.

# WAS PFLANZEN WOLLEN

**Pflanzen benötigen Erde, Nährstoffe, Licht, Luft und Wasser: Mit ihren Wurzeln schöpfen sie aus der Erde Wasser mit Nährstoffen. Diese werden in den Blättern unter dem Einfluss von Licht in Zucker umgewandelt, den die Pflanzen zum Wachstum nutzen.**

## BODEN

Nimm etwas Gartenerde in die Hand und drücke sie ganz fest zusammen. Was passiert?
Der Lehm **verklumpt**: Solcher Boden ist schwer aufzulockern, was bedeutet, dass es auch für Wurzeln und Knollen schwierig ist, darin zu wachsen. **Mische Sand unter.**
Wenn die Erde beim Öffnen der Hand zwischen den Fingern zerbröckelt und **zerbröselt**, ist der Boden sandig. Darin können Pflanzen besser gedeihen, aber Wasser und Nährstoffe werden schneller ablaufen. **Mische Komposterde unter.**
Du kannst da nichts falsch machen: Jede Erde kannst du durch Zugabe von Kompost verbessern!

## WASSER

Pflanzen können ohne Wasser nicht gedeihen. Wasser enthält gelöste Nährstoffe und schützt gleichzeitig die Pflanzen vor Überhitzung.

### BASISREGELN FÜR EINE GUTE BEWÄSSERUNG

- Pflanzen lieben Regenwasser!
- Gieße die Pflanzen nicht in der prallen Sonne, denn ein Wassertropfen auf einem Blatt führt zu Sonnenbrand.
- Gieße morgens oder abends, wenn der Boden schon abgekühlt ist.
- Die Erde im Topf trocknet schneller aus als auf dem Beet.
- Staunässe schadet. Gieße also alles Wasser ab, das sich eine halbe Stunde nach dem Gießen noch im Unterteller befindet.
- Lockere von Zeit zu Zeit den verdichteten Boden um die Pflanze herum auf, damit das Wasser bis zu den Wurzeln sickern kann.

## LICHT

Pflanzen brauchen Licht. Einige bevorzugen pralle Sonne, andere gedeihen besser im Halbschatten. Zu viel Sonne oder ständiger Schatten ist jedoch für die meisten Pflanzen nicht geeignet.
Bevor du mit dem Pflanzen beginnst, solltest du herausfinden, in welche Richtung dein Beet, dein Balkon oder dein Fenster ausgerichtet ist. Bei Nord- oder Ostausrichtung wählst du Pflanzen, die nur wenig Sonne brauchen.
Wenn dein Garten nach Süden oder Westen zeigt, pflanze nur Pflanzen, die Sommerhitze gut vertragen.

## LUFT

Wie alle Lebewesen brauchen auch Pflanzen frische Luft. Wenn du dein Gemüse also im Haus aufziehst, öffne regelmäßig die Fenster, um den Raum zu lüften. Pflanzen, die im Freien gezüchtet werden, haben ausreichend frische Luft. Aber sie mögen keinen Luftzug, also stelle sie an einen windgeschützten Ort. Auch die Lufttemperatur ist für das Pflanzenwachstum wichtig. Ist es kühl, wachsen sie langsamer als bei Wärme.

## NÄHRSTOFFE

Pflanzen nehmen neben Wasser auch Nährstoffe aus der Erde auf. Ohne diese Nahrung können Pflanzen nicht gedeihen. Die Nährstoffversorgung kannst du sichern, indem du dem Boden Kompost zufügst und die Pflanzen regelmäßig düngst. Entferne dazu die obere Erdschicht mit einem Spaten. Lockere den Rest vorsichtig und füge neue Erde hinzu. Gut mischen.

Tipp: Gib deinen Topfpflanzen jedes Jahr neue Erde.

PROJEKT

# BOHNEN-BEOBACHTUNG

**Hast du dich jemals gefragt, wie aus einem kleinen Samen eine große und schöne Sonnenblume, eine glänzende Tomate oder eine hohe Bohne wächst?**

Ein Samen ist ein Meisterwerk der Natur: Er enthält all das Wissen über die Pflanze, die aus ihm wächst, über ihre Größe, die Form ihrer Blätter und die Farbe ihrer Blüten. Egal in welcher Position er eingegraben wird, der Samen weiß immer, wo er Wurzeln schlagen und wo er einen Stängel bekommen soll.
Der Samen „schläft", bis er genügend Wasser, Luft und Wärme oder die richtigen Bedingungen zum Keimen hat. Manchmal wartet er mehrere Jahre lang auf gute Bedingungen. Der Samen enthält Nährstoffreserven, die die neue Pflanze braucht, um Spross und Wurzeln zu entwickeln. Wird er feucht, geht es los!

## BOHNEN-BEOBACHTUNG

1 Fülle ein Glas mit Watte oder einem Papiertaschentuch. Lege eine Bohne an die Glaswand und wässere die Watte. Achte darauf, dass die Bohne und die Watte während des gesamten Experiments feucht bleiben.

2 Die feuchte Bohne nimmt das Wasser aus der Watte auf. Der Samen quillt dabei auf. Die äußere Schale wird zu klein und platzt. Die kleine Keimwurzel guckt heraus.

3 Die winzige Wurzel wird jeden Tag länger, stärker und wächst in die Tiefe des Gefäßes.

4 Die Keimblätter eines Sprosses sind noch nicht die richtigen Blätter der Pflanze. Sie sehen auch etwas anders aus. Diese Keimblätter enthalten einen Nahrungsvorrat, den die Pflanze aufbraucht, bis sie in der Lage ist, selbst Nahrung aus der Erde zu holen.

# VON DER BLÜTE ZUR FRUCHT

**Na, bist du neugierig, wie aus Blüten Früchte werden? Dann lass uns gemeinsam die Antwort finden.**

## DIE BLÜTE

Eine Blüte ist das geschlechtliche Fortpflanzungsorgan einer Pflanze. Sie besteht aus mehreren verschiedenen Blättern. Die Blütenknospe wird von den Kelchblättern geschützt. Wenn sich die Blüte öffnet, kommen die farbigen Blütenblätter zum Vorschein. Im Inneren befinden sich die Fruchtblätter, Staubgefäße und der Stempel.

Der männliche Fortpflanzungsteil der Pflanze ist das Staubblatt. Hier werden die Pollenkörner (Pollen) mit den männlichen Geschlechtszellen gebildet.

Der weibliche Fortpflanzungsteil ist der Stempel. Im unteren verdickten Teil befindet sich der Griffel mit der Samenanlage für die weibliche Geschlechtszelle (Eizelle).

**1** Die gelbe Tomatenblüte lockt Bienen an, die bereits mit dem Pollenstaub einer anderen Blüte bedeckt sind. Bei der Honigernte fällt der Pollen des Insekts auf die Stempelnarbe.

**2** Wenn der Pollen die Stempelfurche (Narbe) erreicht, beginnt die männliche Geschlechtszelle ihre Reise zur Frucht. Dort verbindet sie sich mit einer weiblichen Geschlechtszelle (Eizelle), was als Befruchtung bezeichnet wird. Es entsteht ein kleines grünes Kügelchen.

3 Die Tomaten wachsen besser, wenn sie genügend Sonne, Wasser und Nährstoffe bekommen. Um eine gesunde und reiche Ernte zu erzielen, sollte man die Pflanze regelmäßig gießen und düngen.

4 Wenn die Tomaten rot und prall sind, ist es Zeit, sie zu pflücken und zu essen. In den Tomaten sind Samen versteckt. Schneide sie auf und lege die Kerne auf einen Teller, um sie zu trocknen. Nächstes Jahr wirst du damit deine eigenen Tomaten anbauen können.

## DIE BESTÄUBUNG

Die Bestäubung ist die Übertragung von Pollenkörnern auf die Stempelnarbe einer anderen Pflanze. Da sich Pflanzen nicht bewegen, brauchen sie Helfer, die den Transfer für sie erledigen.

Es gibt zwei Arten der Bestäubung:
Pflanzen mit farbenfrohen Blüten ziehen Bienen, Hummeln und andere Insekten an. Bei der Honigernte werden die Pollenkörner von den Staubgefäßen abgeschüttelt und bleiben an den Insekten hängen, die sie dann auf Stempelnarben einer anderen Blüte tragen.
Andere Pflanzen bestäubt der Wind. Die Blüten der Johannisbeere haben eine unauffällige grüne Farbe. Sie haben keinen Nektar und sind daher für Insekten nicht verlockend. Wenn der Wind weht, wackeln die zarten Blüten. Der Pollen wird dabei auf die klebrigen Narben des Stempels übertragen.

## DIE BEFRUCHTUNG

Auf die Bestäubung folgt die Befruchtung: Sobald der Pollen die Stempelnarbe erreicht, beginnt die männliche Geschlechtszelle ihre Reise durch den Griffel in den Fruchtknoten der Samenanlage – die Empfängnis der Frucht. Dort verbindet sich der Pollen mit der weiblichen Geschlechtszelle (Eizelle), was als Befruchtung bezeichnet wird. Es entwickelt sich der Keim, also eine neue junge Pflanze. Aus der Samenanlage wird ein Samen gebildet. Aus dem Fruchtkörper entwickelt sich eine Frucht.

SO VIEL ZU TUN!

Bastle eine Kehrschaufel aus einer großen Plastikflasche. Für einen Besen bindest du ein Bündel Birkenzweige fest zusammen und steckst sie in eine kleinere Flasche mit abgeschnittenem Hals.

PROJEKT

# GARTENGERÄTE

Nützliche Recycling-Gartengeräte kannst du dir aus alten Plastikflaschen basteln. Dazu verwendest du beispielsweise Waschmittel- oder Shampooverpackungen. Dickerer Kunststoff ist haltbarer, so dass die Werkzeuge länger einsatzfähig sind. Für die Griffe sägst du dir einen alten Besenstiel zu.

Diese Gießkanne ermöglicht eine sanfte Bewässerung: Durchlöchere den PET-Flaschendeckel mehrmals mit einer Stopfnadel und schraube ihn wieder auf die Plastikflasche.

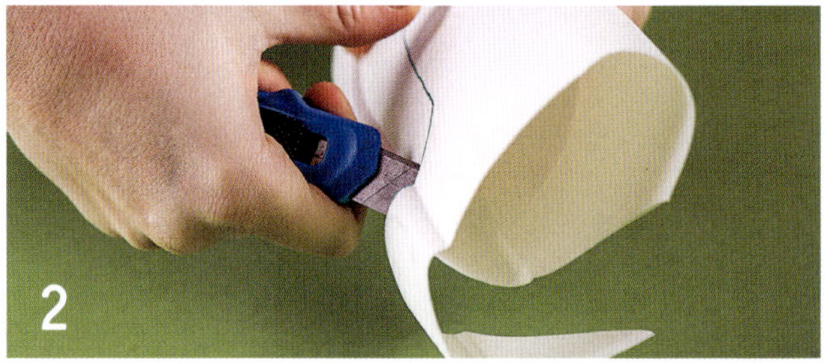

1 Zeichne die Form des Werkzeugs mit einem wasserfesten Filzstift auf die Flasche.

2 Dabei sollte dir ein Erwachsener helfen: Schneide das Werkzeug entlang der Linien mit einem Teppichmesser aus.

3 Säge die Holzstäbe für die Griffe zu. Stecke die Griffe in die Flaschenöffnungen und befestige sie mit Reißzwecken oder kleinen Schrauben.

# WICHTIGE WERKZEUGE

**Ohne die geht es nicht im Garten: Spaten, Harke, Hacke, Grabgabel und Gießkanne.**

Baust du dein Gemüse in Blumentöpfen an, benötigst du kleinere Werkzeuge. Zu Hause in der Küche findest du nützliche Utensilien: Löffel und Gabeln sind großartige Gartengeräte!

Mit einem Spaten kann man den Gartenboden umgraben, ausheben und mischen. In kleinen Töpfen lockerst du den Boden mit einem Löffel.

Du brauchst einen Grubber oder eine Harke, um den Boden zu harken und eine Grabgabel, um sie zu lockern.

Ein Pflanzholz ist praktisch, um Löcher für die Setzlinge zu machen. Dazu kannst du aber auch den Griff eines Kochlöffels verwenden.

Zum Gießen und Sprühen verwendest du eine Gießkanne und einen Zerstäuber.

Neben den Werkzeugen benötigst du Juteschnur, eine Gartenschere, eine gewöhnliche Schere, Handschuhe und Gummistiefel.

# ANZUCHTTÖPFCHEN

**Für dein Gartenprojekt benötigst du Blumentöpfe und Behälter in allen Größen. Fürs Ziehen der kleinen Jungpflanzen aus einem Samenkorn kannst du winzige Anzuchttöpfe verwenden und die Pflanzen später in größere Gefäße umsiedeln.**

## SCHNELL & GÜNSTIG

- Joghurtbecher oder Eisbehälter – es gibt zahlreiche Recyclingmaterialien in denen du Jungpflanzen ziehen kannst.
- Wenn du einen Eierkarton oder eine Klopapierrolle (an einem Ende zusammengefaltet) als Topf verwendest, kannst du die Papphülle später direkt mit in den Garten pflanzen. Sie löst sich auf.
- Zur Markierung der gepflanzten Samen kannst du Eisstiele verwenden. Beschrifte sie mit einem wasserfesten Permanentmarker.

## SO GEHT'S

1. Deine Blumentöpfe sollten zwischen 5 und 8 cm hoch sein. Vor Gebrauch gut waschen.
2. Stich mit der Spitze einer Schere oder mit einem Messer Löcher in den Boden des Topfes, damit das Wasser nach dem Gießen abfließen kann. Fülle die Töpfe mit Anzuchterde (Substraterde) und pflanze die Samen ein.

# TÖPFE ODER KÖRBE?

Tontöpfe sind schön, aber sie haben einige Nachteile. In ihnen trocknet die Erde leider schnell aus, so dass die Pflanzen häufiger gegossen werden müssen. Schütze sie im Winter vor Feuchtigkeit. Wenn nasse Töpfe gefrieren, sind sie im Frühjahr nur noch Scherben. Töpfe aus Kunststoff oder Metall, Körbe und Holzkisten sind nützlicher. Sie sind widerstandsfähig gegen Kälte und Hitze. Sie halten den Boden länger feucht, so besteht im Sommer eine viel geringere Austrocknungsgefahr für deine Pflanzen.

**Eimer** haben oft keine Löcher im Boden, durch die das Wasser ablaufen kann. Um Staunässe zu vermeiden, musst du sie also vorbereiten, bevor du sie mit Erde füllst. Du benötigst einen erwachsenen Assistenten: Verwende eine Bohrmaschine, um Löcher in den Topfboden zu bohren. Wähle einen Bohrer, der große Löcher bohrt.

Bedecke die Löcher mit Scherben, damit die Erde sie nicht verstopft. Gib zwei Schäufelchen Kieselsteine über die Scherben, damit das Wasser besser abfließen kann. Bedecke die Kieselsteine mit einem wasserdurchlässigen Vlies, damit sie sich nicht mit der Erde vermischen. Der Vliesrand sollte am Rand des Topfes anliegen.

Fülle den Topf mit Blumenerde. Gib etwas Kompost hinzu und ziehe die Erde glatt. Der Topf ist jetzt pflanzbereit!

Lege eine Plastikfolie im **Korb** aus. Schneide mit einer Schere Löcher in den Boden, damit das Wasser ablaufen kann. Falte den Rand der Folie ein. Lege noch ein paar Scherben auf den Boden.

Fülle den Korb mit guter Erde, bis die Folie verdeckt ist.

Pflanze beispielsweise einen Kräutergarten in den Korb. Setze eine gelbe Studentenblume hinzu und stelle den schmucken Korb als Dekoration auf den Tisch.

# SÄEN UND PFLANZEN

**Du möchtest mit der Gartenarbeit beginnen, aber draußen ist es noch kalt? Dann ist dein Instinkt genau richtig! – du kannst bereits im März auf der Fensterbank mit der Aussaat beginnen. Die kleinen Pflanzen, die daraus wachsen, kannst du je nach Gemüsesorte ab Mai in den Garten oder in große Kübel auf den Balkon setzen. Und aus deinen Paprika und Tomaten gewinnst du dann im Hochsommer auch wieder Samen, für die Pflanzen des kommenden Jahres.**

## SÄMLINGE UND SETZLINGE

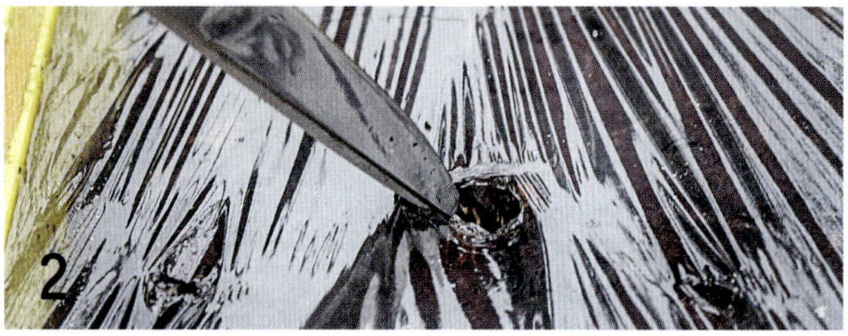

**1** Manche Pflanzen haben nur sandkorngroße Samen. Diese säst du in Wannen aus. Fülle dazu Anzuchterde in niedrige (Eis-)Dosen und streue die Samen gleichmäßig darüber. Wenig Erde darüber rieseln lassen und dann alles mit einem Zerstäuber befeuchten.

**2** Die Wanne mit Klarsichtfolie abdecken und diese mit einer Schere ein paar Mal durchstechen. Stelle die Wanne auf eine helle Fensterbank. Damit hast du ein warmes Frühbeet geschaffen, in dem die Samen schnell keimen werden.

**3** Entferne die Folie, wenn die ersten Sprossen sichtbar werden. Wenn sie zwei bis drei richtige Blätter bekommen haben, ist es an der Zeit, die Sämlinge in einen größeren Topf umzupflanzen. Wähle dafür die stärksten Pflanzen aus.

## PIKIEREN

„Pikieren" nennt man das Vereinzeln, das Umpflanzen von Sämlingen in kleine Einzeltöpfe. Es gibt zwei Möglichkeiten zu pikieren. Entweder nimmst du alle Sämlinge aus der Wanne und zerkrümelst das Pflanzensubstrat vorsichtig so, dass nur noch etwas Erde an den Stängeln bleibt. Oder du drückst ein Holzstäbchen sanft gegen den Stiel des Sämlings. Fasse ihn an den Blättern (nicht am Stiel) und ziehe ihn vorsichtig aus der Erde.

Pflanze den Sämling in einen neuen Topf um: Bedecke den Boden des Topfes, in den du Löcher für den Wasserablauf gemacht hast, mit Blumenerde. Setze das Pflänzchen in die Mitte des Topfes. Streue Substraterde um die Pflanze herum und drücke sie leicht ein. Wässere den Boden. Sobald die Pflanze im neuen Topf ein wenig gewachsen ist und es draußen schon warm geworden ist, verpflanzt du diesen sogenannten „Setzling" ins Freie.

## GROSSE SAMEN SÄEN

Größere Samen wie Sonnenblumen, Kürbisse, Gurken oder Kapuzinerkresse können einzeln gegriffen werden und müssen nicht in Wannen ausgesät werden. Säe sie schon im frühen Frühjahr in kleine Töpfe. Sie mögen keinen Frost, daher solltest du die aus Samen gezogenen Pflanzen erst nach draußen pflanzen, wenn die Eisheiligen vorbei sind.
Auf der Rückseite der Saatgutpackungen findest du Informationen darüber, ab wann du die Samen im Haus vorziehen kannst. Hier findest du auch Tipps dazu, wo der ideale Standort für deine Pflanze ist, wie groß der Pflanzabstand sein soll und wann du deine Ernte einbringen kannst.

### RECYCLING

Verwende Küchenpapier- oder Klopapierrollen als Pflanzgefäße. Schneide die Rollen in 10 cm hohe Zylinder. Schneide an einem Ende in regelmäßigen Abständen 5–7 mal ein. Knicke die so entstandenen Laschen nach innen, um einen Boden zu bilden. Fülle die Töpfe mit Erde und lege die Samen ein. Beim Auspflanzen kannst du die Jungpflanze zusammen mit der Papierhülle, die später im Boden verrottet, in die Erde stecken.

1 Fülle die Anzuchttöpfchen mit Substraterde und befeuchte sie leicht mit einem Zerstäuber. Mache mit dem Finger eine kleine Vertiefung in den Boden. Das Loch sollte sich in der Mitte befinden, damit das Saatgut, wenn es zu keimen beginnt, zu allen Seiten Platz hat.

2 Schütte die Samen aus dem Beutel auf deine Handfläche. Lasse einen Samen in das Loch fallen. Bedecke ihn mit Erde und ebne die Oberfläche mit den Fingern. Befeuchte die Erde erneut mit einem Zerstäuber, den du mit zimmerwarmem Leitungswasser gefüllt hast.

3 Bedecke das Töpfchen mit Klarsichtfolie und durchsteche sie einige Male mit einem Zahnstocher. Stelle das so entstandene Frühbeet auf eine helle Fensterbank. Kontrolliere ab und zu, ob der Boden noch feucht ist.

4 Die Samen werden in der Wärme schnell keimen. Entferne dann die Folie. Wenn die Pflanzen ein wenig gewachsen sind, setzt du sie nach draußen in größere Töpfe oder in ein Gartenbeet um.

# DAS PFLANZEN VON SETZLINGEN

**Ist der Setzling zu groß für seinen Anzuchttopf? Dann ist es an der Zeit, ihn in einen größeren Topf oder ins Beet zu verpflanzen. Die Nährstoffe in deinem kleinen Topf reichen für das Wachstum und die Entwicklung der Pflanze nicht mehr aus.**

## PFLÄNZLINGE

Wenn du keine eigenen Setzlinge gezüchtet hast, kannst du diese in der Gärtnerei oder auf dem Markt kaufen. Auch diese werden in kleinen Töpfen vorgezogen und sollten ebenfalls so bald wie möglich mehr Platz bekommen.

1 Grabe den Boden mit einem Spaten um, ebne ihn mit einer Harke und mach dann ein Loch. Es muss groß genug sein, um die Pflanze einzupflanzen, und tief genug, damit die Höhe der Erde im Topf mit der Höhe der Erde um die Pflanze herum übereinstimmt.

2 Nimm die Pflanze aus dem Topf. Löse die zusammengepressten Wurzeln leicht mit den Fingern. Setze den Pflänzling mit den Wurzeln nach unten in das Loch.

3 Die Pflanze soll so gerade wie möglich stehen. Schütte vorsichtig Erde um den Stängel herum, um die Wurzeln zu bedecken. Drücke sie mit den Fingern leicht an. Gieße den Pflänzling gut.

# IM FREIEN SÄEN

**Beginne im Mai, oder wenn der Boden bereits warm genug ist im April mit der Aussaat im Freien. Die Erde in Töpfen oder im Beet muss jedoch zuerst ein bisschen vorbereitet werden. Aufgepasst, es gibt drei Arten Samen zu säen!**

## DIE VORBEREITUNG DES BODENS

Grabe zuerst den Boden mit einem Spaten um. Zerkleinere die Brocken mit einer Hacke. Mische mit einer Grabgabel natürliche Dünger, Humus oder Kompost unter, um die Erde mit Nährstoffen anzureichern. Harke den Boden glatt.

## LOCHSAAT

Mit der Hand machst du kleine Löcher in den Boden und legst dann einen Samen hinein. Du kannst auch kleine „Horste“ aus zwei bis drei Samen machen. Die Samen mit Erde bedecken und täglich gießen. Auf diese Art säst du Bohnen, Erbsen, Kürbisse oder Gurken.

## BREITSAAT

Schütte die Samen in deine Handfläche. Mit den Fingern der anderen Hand greifst du eine Prise der Samen und verteilst sie gleichmäßig über den Boden. Es sollten nicht zu viele Samen sein, damit jede Pflanze genügend Platz hat. Wenn du mit der Aussaat fertig bist, bedeckst du die Samen mit einer dünnen Schicht Erde und gießen sie leicht. Auf diese Weise sät man Salat, Rote Beete oder Dill.

## FURCHENSAAT

Ziehe mit dem Stiel einer Schaufel oder mit deinen Fingern eine kleine gerade Rille in den Boden. Drücke die Samen in gleichmäßigen Abständen hinein. Mit Erde bedecken und gießen. Wie groß der Abstand zwischen den Samenkörnern und den einzelnen Furchen sein soll, kannst du auf der Samentüte ablesen. So säst du einjährige Blumen, Karotten, Spinat, Petersilie oder Radieschen.

# BEETMARKIERUNG

**Manchmal vergisst du schon am nächsten Tag, wo und was du am Vortag gesät hast. Sobald du gesät hast, beschriftest du also deine Beete und Töpfe.**

Deine Beetmarkierungen können aus allem möglichen bestehen. Du kannst Wäscheklammern verzieren, Kochlöffel beschriften (oder sogar Blumenfeen daraus basteln!) und in den Boden stecken, kleine Gemüsebilder auf Holzbrettchen malen oder Steine und Blumentöpfe passend bemalen. Wichtig ist, dass du mit Acrylfarbe malst und dein getrocknetes Werk abschließend mit Klarlack fixierst – sonst überlebt deine Gartenkunst bei Sonne und Regen nicht lang.

Salat
Erbsen

Mais
Dill

PROJEKT

# VOGELSCHEUCHE

**1** Male ein Gesicht auf einen Kochlöffel und klebe Haare aus Sisalwolle an die Löffelrückseite.

**2** Für die Arme schneidest du ein Tuch auf 20 x 20 cm zu. Lege das Stroh so hinein, dass es über den Rand hinausschaut. Rolle den Stoff zu einer Hülse. Binde ihn an beiden Enden mit Bast zusammen.

**3** Für die Beine der kleinen Vogelscheuche schneidest du zwei 15 x 15 cm große Stücke Stoff zu. Lege ein Strohbündel hinein, wickle den Stoff darum und binde es mit dünnem Draht zusammen.

**4** Für das Kleid benötigst du einen Stoff mit den Maßen 40 x 24 cm. Schneide in der Mitte ein kleines Loch, durch das du den Kochlöffelstiel stecken kannst. Binde die Arme und Beine mit Bast oder Draht am Stiel des Kochlöffels fest.

**5** Ziehe das Kleid über die Arme. Binde es an der Taille mit einer Schleife zusammen. Schneide ein kleineres Rechteck aus und binde es mit einem anderen Band wie eine Schürze darüber.

**6** Aus einem 15 x 15 cm großen Stoff, der diagonal gefaltet wird, entsteht ein Kopftuch. Gib einen Tropfen Klebstoff auf die Stirn der Vogelscheuche und lege die Mitte des Kopftuches darauf. Klebe die anderen drei Ecken auf der Rückseite fest.

**DU BENÖTIGST**
- Kochlöffel aus Holz, XXL
- Bunte Baumwollstoffreste
- Permanentmarker in Pink, Schwarz und Weiß
- dünner Draht
- bunte Sisalwolle
- Stroh
- Schere
- Heißkleber

## NACHBARSCHAFTS-SPICKZETTEL

| | GUTE NACHBARN | SCHLECHTE NACHBARN |
|---|---|---|
| **Blumenkohl** | Bohnen, Sellerie, Tomaten, Erbsen, Salat, Spinat | Kartoffeln, Kohl, Zwiebeln |
| **Bohnen** | Borretsch, Bohnenkraut, Gurken, Kohl, Salat, Radieschen, Rote Bete, Tomaten, Sellerie, Erdbeeren, Dill | Erbsen, Zwiebeln, Knoblauch, Lauch |
| **Erbsen** | Karotten, Kopfsalat, Radieschen, Zucchini, Gurken, Spinat, Kohlrabi, Kohl, Sellerie, Mais, Dill | Zwiebeln, Knoblauch, Lauch, Bohnen, Tomaten, Kartoffeln |
| **Erdbeeren** | Lauch, Zwiebeln, Salat, Knoblauch, Schnittlauch, Borretsch, Bohnen | Kohl |
| **Gurken** | Basilikum, Schnittlauch, Kohl, Zwiebeln, Erbsen, Schnittlauch, Salat, Sellerie, Spinat, Zwiebeln, Bohnen, Zuckermais, Lauch, Ringelblumen, Rote Bete | Tomaten, Kartoffeln, Radieschen |
| **Karotten** | Erbsen, Knoblauch, Lauch, Kraut, Tomaten, Radieschen, Salat, Schnittlauch, Zwiebeln, Ringelblumen, Lauch, Rote Bete, Salbei | Minze, Petersilie, Dill, Sellerie |
| **Kartoffeln** | Kraut, Kohlrabi, Spinat, Mais, Ringelblumen, Erbsen, Studentenblumen, Kapuzinerkresse, Kamille, Minze, Kümmel | Rote Bete, Sellerie, Erbsen, Tomaten, Sonnenblumen, Zucchini |
| **Knoblauch** | Erdbeeren, Gurken, Karotten, Tomaten, Rosen, Rote Bete, Tulpen | Bohnen, Kohl, Erbsen, Lauch |
| **Kohlrabi** | Erbsen, Bohnen, Kartoffeln, Lauch, Radieschen, Rote Bete, Sellerie, Spinat, Salat, Tomaten | Zwiebeln, Knoblauch, Erdbeeren, Kohl |
| **Kohl, Wirsing** | Bohnen, Erbsen, Gurken, Rote Bete, Karotten, Kopfsalat, Sellerie, Spinat, Tomaten, Kartoffeln, Kamille, Dill, Lauch | Knoblauch, Zwiebeln, Erdbeeren, andere Kohlpflanzen |
| **Paprika** | Basilikum, Salat, Radieschen, Schnittlauch, Kohlrabi, Feldsalat, Zuckermais, Ringelblumen, Kapuzinerkresse | Tomaten, Bohnen, Erbsen, Auberginen, Kartoffeln |
| **Radieschen** | Bohnen, Karotten, Salat, Tomaten, Spinat, Kohl, Erbsen, Kohlrabi, Kapuzinerkresse, Bohnenkraut | Gurken |
| **Rote Bete** | Bohnen, Kohlgemüse, Kohlrabi, Knoblauch, Zwiebeln, Zucchini, Gurken, Dill, Kümmel, Knoblauch, Fenchel, Koriander | Kartoffeln, Lauch, Spinat, Bohnen, Mais |
| **Salat** | Bohnen, Erbsen, Gurken, Dill, Karotten, Kohlrabi, Radieschen, Tomaten, Spinat, Zwiebeln, Lauch, Rote Bete, Kohl, Minze, Borretsch | Sellerie, Petersilie |
| **Sellerie** | Bohnen, Erbsen, Blumenkohl, Lauch, Spinat, Gurken, Lauch, Tomaten, Kamille, Kohlrabi | Zuckermais, Kartoffeln, Salat |
| **Spinat** | Bohnen, Erbsen, Erdbeeren, Kraut, Radieschen, Sellerie, Salat, Tomaten, Kohlrabi, Blumen- und Rosenkohl, Kartoffeln | Rote Bete, Mangold |
| **Tomaten** | Buschbohnen, Karotten, Kohlgemüse, Lauch, Petersilie, Salat, Sellerie, Spinat, Zwiebel, Mais, Studentenblumen, Ringelblumen, Paprika, Basilikum, Radieschen, Kohlrabi | Erbsen, Gurken, Kartoffeln, Dill |
| **Zucchini und Kürbisse** | Bohnen, Erbsen, Zuckermais, Basilikum, Kapuzinerkresse, Tomaten, Radieschen, Salat, Zwiebel, Rote Bete | Gurken, Wassermelonen, Honigmelonen |
| **Zwiebeln** | Gurken, Karotten, Rote Bete, Salat, Tomaten, Erdbeeren, Kamille, Dill, Bohnenkraut, Rosen | Bohnen, Kohl |

# GUTE NACHBARSCHAFT

In Beet oder Topf können ganz verschiedene Pflanzen gemeinsam wachsen. Ob sich die Pflanzen leiden können, kannst du in der Tabelle auf Seite 31 sehen. Also dann, auf gute Nachbarschaft!

Kohlrabi und Kohl freuen sich auf ihren Lieblingsnachbarn, den Kopfsalat.

Studentenblumen machen Basilikum und Brokkoli glücklich und vertreiben lästige Schädlinge.

Stangenbohnen brauchen eine Stange zur Unterstützung und sie lieben Mais. Lass die beiden doch einfach innig umarmt wachsen.

Kopfsalat ist ein lieber Nachbar für Gurken und Zwiebeln.

Nachhaltiger Trick für eine große Ernte: Pflanze Buschtomaten und Ringelblumen unter Stangenbohnen.

# FRUCHTFOLGE

**Bevor du mit der Gartenarbeit beginnst, musst du einen Plan erstellen. Einen Plan? Oh ja, die Strategie ist echt wichtig!**

Nicht alle Pflanzen sind gleich. Jede hat ihren eigenen Charakter und ihre eigenen Bedürfnisse. Da es schwierig ist, in einem kleinen Beet oder in Töpfen allen Pflanzen gleichzeitig gerecht zu werden, pflanzt du am besten Pflanzen mit denselben Bedürfnissen zusammen. Während es bei der Mischkultur darum geht, welche Pflanzen als Nachbarn voneinander profitieren, geht es bei der **Fruchtfolge** darum, über einen Zeitraum von einem oder sogar mehreren Jahren die Pflanzen so durch die Gartenbeete wandern zu lassen, dass sie immer optimal mit Nährstoffen versorgt sind.

## FRUCHTWECHSEL, WARUM DAS DENN?

Verschiedene Gemüsesorten benötigen unterschiedliche Mengen an Nährstoffen, also Dünger. Manche sehr viel, andere wenig. Wenn du mehrere Jahre hintereinander das gleiche Gemüse an der gleichen Stelle anbaust, sind ihre Lieblingsstoffe im Boden irgendwann erschöpft. Die Pflanzen werden schwach.

## WIE VERLÄUFT EIN FRUCHT-WECHSEL?

Am sinnvollsten ist ein dreiteiliger Fruchtwechsel, unterteile also deinen Garten in drei Zonen oder arbeite auf deinem Balkon mit drei großen Töpfen. Eine dreiteilige Fruchtfolge ist auch deshalb sinnvoll, weil alle Nährstoffe in dem Stallmist, mit dem du zuerst düngst, innerhalb von drei Jahren freigesetzt oder aufgebraucht sind.

Lege drei Beete an. Dünge jeden Herbst eines der drei Beete mit Stallmist (prima ist Pferdemist) oder Kompost. Das ist Beet A, auf dem das Gemüse der Gruppe A gedeiht. Im zweiten Jahr wird aus dem Beet A das Beet B, da wir den Boden nicht erneut düngen, wird hier jetzt das B-Gemüse gepflanzt. Im folgenden Jahr wird aus dem Beet B das Beet C. Das bedeutet, dass der Boden dieser vor zwei Jahren das letzte Mal gedüngt wurde und jetzt hier Gemüse der Gruppe C angebaut werden kann, das nur wenig Zusatznährstoffe benötigt. Damit schließt sich der Kreis. Wenn du im Herbst die Ernte vom Feld C einbringst, düngst du den Boden erneut. Im vierten Frühjahr wird Beet C wieder zu Beet A.

Die Bepflanzung deiner Beete hat jedes Jahr gewechselt, du hast einen Fruchtwechsel vollzogen.

## GEMÜSEGRUPPEN

### GRUPPE A

Zur Gruppe A gehören Gemüse, die gerne mit Mist gedüngt werden:

**Kohl:** alle Arten von Kohl, also Wirsing, Blumenkohl, Brokkoli und Kraut.

**Fruchtgemüse:** Tomaten, Paprika, Peperoni, Auberginen, Gurken, Zucchini, Kürbisse, Wasser- und Honigmelonen und Zuckermais.

**Knollengemüse:** Kartoffeln, Süßkartoffeln und Topinambur.

### GRUPPE B

Zur Gruppe B gehören die Gemüsesorten, die nicht viel Dünger benötigen:

**Hülsenfrüchte:** Busch- und Stangenbohnen, Erbsen, Saubohnen, Linsen, Kichererbsen und Sojabohnen.

**Spinat:** Spinat und Mangold.

**Blattsalat:** Kopfsalat, Radicchio, Feldsalat und Endiviensalat.

**Wurzelgemüse:** Karotten, Petersilie, Sellerie, Kohlrabi, Steckrüben, Rote Bete, Radieschen und Rettich sowie Pastinaken.

### GRUPPE C

Gruppe C umfasst Gemüse, das nur eine geringe Menge an Nährstoffen benötigt und nie gedüngt wird:

**Zwiebelpflanzen:** Zwiebeln und Schalotten, Knoblauch und Lauch.

# KOMPOST

**Grasschnitt, welkes Laub, Obst- und Gemüseschalen sind ein wahrer der Schatz. Denn daraus kannst du Kompost herstellen, neue Erde. In einem solchen Boden gedeihen gesunde und kräftige Pflanzen.**

## WAS IST KOMPOST?

Ein Komposthaufen ist eine Fabrik, in der Milliarden von winzigen Helfern, von Fachleuten Mikroorganismen genannt, Haushalts- und Gartenabfälle zersetzen. Wenn du ein bisschen im Komposthaufen herumstocherst, findest du auch größere Tiere: Regenwürmer, Käfer, Springschwänze, Tausendfüßler, Kellerasseln und andere Zersetzter. Gemeinsam verwandeln sie deinen Komposthaufen in fruchtbaren Boden.

## DER RICHTIGE PLATZ FÜR DEINEN KOMPOSTHAUFEN

Ein Komposthaufen funktioniert am besten im Garten, auf einem Balkon oder einer Terrasse ist es dafür nicht ideal. Der Platz für deinen Komposthaufen ist schattig, damit es den fleißigen Helfern nicht zu heiß wird, während sie arbeiten. Im Schatten ist auch genügend Feuchtigkeit vorhanden, so dass die Zersetzung schneller erfolgt. Kompost wird in einer Komposttonne (du kannst sie in einem Geschäft für Gartenzubehör kaufen) mit gelochtem Boden, Deckel und Luftlöchern oder in einer größeren Holzkiste ohne Boden, hergestellt. Durch die Löcher im Boden kann Feuchtigkeit abfließen – und Regenwürmer und andere für den Kompost nützliche Tiere hineinkriechen.

## WAS TUST DU IN DEINEN KOMPOST?

Lege Zweige und Stroh auf den Boden des Behälters. So kann das Wasser abfließen und der Kompost verfault nicht. Auf dem Komposthaufen sammelst du zwei Arten von Abfällen. Trockene und nasse.

Die trockenen Bestandteile sind eine hervorragende Kohlenstoffquelle: herabgefallene Blätter, zerkleinerte Zweige, Stroh und Eierkartons. Durch diese Abfälle entstehen Lufttaschen, die den tierischen Helfern Luft zuführen, so dass sie besser arbeiten können.

Und dann ist da noch der nasse Biomüll: Obstschalen, Gemütsereste, verwelkte Blumen, Eierschalen, Kaffeesatz und Teebeutell und Rasenschnitt – all das ist eine gute Stickstoffquelle für deinen Komposthaufen.

Füge dem Kompost ab und zu etwas Komposterde hinzu, denn in der Erde befinden sich ja bereits Tiere, die sich sofort an die Arbeit machen werden.

**Du solltest keine Fleischreste, keinen Fisch, keine Zitrusfrüchte, kein Öl, keine Zeitschriften mit gebleichtem Papier und keinen Tierkot auf deinen Komposthaufen geben. Werfe auch keine mit Schädlingen oder Pilzen befallenen Pflanzen auf den Komposthaufen. Oft überdauern diese die Kompostierung.**

## WIE PFLEGST DU DEINEN KOMPOSTHAUFEN RICHTIG?

Halte den Deckel der Komposttonne immer geschlossen, damit die Bedingungen in der Tonne möglichst gleichbleiben. Den Kompost musst du feucht halten, daher solltest du ihn im Sommer mit Wasser bespritzen. Nicht zu viel gießen, damit er nicht verfault! Die Zersetzung erfolgt schneller, wenn du die oberen Schichten gelegentlich mit einer Grabgabel durchmischst.

## WANN IST DER KOMPOST FERTIG?

Nach etwa einem Jahr verwandelt sich der Abfall in eine schwarze, krümlige Erde, die nach Waldboden riecht. Dann ist dein Kompost fertig. Siebe die groben Stücke heraus. Fertig.

# TIERE IM KOMPOST

Wenn du ein bisschen im Kompost herumstocherst, wirst du sehen, dass er voller Leben ist. Du findest viele fleißige Käfer, Regenwürmer und Asseln. Einige ernähren sich von organischen Abfällen und verarbeiten diese mit ihren Ausscheidungen zu reichhaltigem Kompost. Andere zerkleinern den Kompost, verschlingen und mischen ihn.

**Die Pflanzenreste sind Nahrung für kleine Käfer, die wiederum für größere Tiere schmackhaft sind.**

## GRÜNSCHNITT

## KOMPOST-ZYKLUS

Während des Kompostierungsprozesses werden die verrottenden Pflanzen in reiche, fruchtbare Erde verwandelt, aus der im folgenden Jahr neue Pflanzen sprießen.

## BIOMÜLL

# PFLANZENMEDIZIN

**Einige Pflanzen haben eine positive Wirkung auf andere Pflanzen in der Umgebung. Sie schützen sie vor Schädlingen und Krankheiten und ermöglichen ihnen gesunde Früchte zu entwickeln. Pflanze sie zusammen mit deinem Gemüse, um eine reiche Ernte zu erzielen.**

**Kapuzinerkresse** zieht Blattläuse an, die so die benachbarten Pflanzen in Ruhe lassen. Pflanze sie an den Rand jedes Topfes.
Der große Kohlweißling meidet duftende Pflanzen wie **Dill, Salbei, Rosmarin, Thymian, Pfefferminze, Kamille und Tomaten** und Pflanzen, die in deren Nähe wachsen.

**Knoblauch**wirkt wie ein Antibiotikum, das die benachbarten Pflanzen vor Bakterien, Pilzen und Schimmel schützt. Sein Geruch vertreibt sogar Mäuse. Pflanze ihn überall im Garten, jedoch nicht in der Nähe von Kohl, Erbsen und Bohnen.
**Thymian, Borretsch, Salbei, Kapern, Zwiebeln und Knoblauch** wehren gefräßige Schnecken ab.

**Basilikum** vertreibt mit seinem Duft Fliegen und Mücken.

**Studentenblumen** helfen beim Kampf gegen Ameisen und weiße Fliegen.

Pflanze **Borretsch** neben Kohlpflanzen, er vertreibt den Kohlweißling – und Bienen lieben ihn!

**Lavendel** vertreibt Ameisen und Blattläuse.

**Kamille** vertreibt Fadenwürmer und Thripse (Fransenflügler).

**Schnittlauch** verhindert die Ausbreitung von Mehltau, er wirkt wie eine Barriere.

PROJEKT

# BRENNNESSELJAUCHE

**Die Natur hält viele Nutzpflanzen bereit, die dir bei der Gartenarbeit helfen. Großartig ist die Brennnessel. Du kannst aus ihr sowohl Dünger als auch ein Mittel zur Blattlausbekämpfung gewinnen. So geht nachhaltiges, umweltfreundliches Gärtnern!**

Die Brennnesseljauche, eine eklig stinkende Flüssigkeit, ist der beste Dünger, den du selbst herstellen kannst. Gieße damit (verdünnt mit Regenwasser) alle zwei Wochen Pflanzen mit hohem Nährstoffbedarf wie Kohlpflanzen oder Tomaten. Brennnesseln fördern das Wachstum und die Chlorophyllbildung. Mit Brennnesseln gedüngte Böden sind voll von Regenwürmern. Die Brühe wird unverdünnt zur Bekämpfung von Blattläusen benutzt. Du sprühst damit die befallenen Pflanzen in der Abenddämmerung ein.

**Achtung: Bohnen, Erbsen, Zwiebeln und Knoblauch vertragen diesen stickstoffhaltigen Dünger nicht.**

## ZUBEREITUNG

Fülle ein großes Kunststoffgefäß mit 1 kg frischen Brennnesseln und 5 l Wasser. Das Gefäß nicht bis zum Rand füllen, da die Brennnesselsoße schäumen kann. Stelle den Eimer in die Sonne, um den Prozess zu beschleunigen. Rühre den Brennnesselsud einmal täglich um, damit Sauerstoff eindringen kann und er sich besser zersetzen kann. Nach drei Tagen, wenn das Gebräu dunkel geworden ist und keine Bläschen mehr aufsteigen, ist es anwendungsbereit. Den Brennnesselsud vor Gebrauch durch ein Sieb abseihen. Du kannst die Brennnesselbrühe mindestens drei Monate lang verwenden. Schütte die nicht verwendeten Reste auf den Komposthaufen.

# SCHON WIEDER UNKRAUT!

**Unkraut ist eine Plage für jeden Gärtner. Das Unkraut, das sind jene Pflanzen, die der Gärtner nicht in seinem Garten haben will. Aus der Erde schöpfen sie Wasser und Nährstoffe, die für die gepflanzten Pflanzen gedacht sind.**

Wind und Tiere bringen Samen aus der Umgebung in den Garten. Wenn sie auf den Boden fallen, wachsen sie zu Pflanzen, die nicht in einen Topf gehören. Unkraut vermehrt sich nicht nur durch Samen. Die hartnäckigeren unter ihnen, wie beispielsweise der Giersch, verbreiten sich durch unterirdische Triebe, deren Wurzeln tief in die Erde reichen.

Der Gärtner bekämpft das Unkraut durch Jäten. Einmal pro Woche zieht er alle Pflänzchen aus den Beetreihen, die dort nicht hingehören. Dabei entzieht er dem Boden aber auch Mineralien, die seine Nutzpflanzen brauchen. Viele Gärtner schwören daher aufs Mulchen – oder stellen fest, dass man viele Unkräuter wie Gemüse essen kann.

**Wusstest du, dass man aus jungen Brennnesseltrieben oder aus Giersch leckere Suppen kochen kann? Junge Löwenzahnblättern sind ein toller Salat. So ist das Unkraut doch noch für etwas gut!**

REZEPT

## LÖWENZAHNHONIG

Pflücke eine Schüssel voll Löwenzahnblüten, wenn sie sich für die warmen Sonnenstrahlen geöffnet haben. Trenne die gelben Blütenblätter sorgfältig aus der Blüte. Den grünen Teil kannst du wegwerfen.

Gib abwechselnd gelben Löwenzahn und Zucker in ein Glasgefäß. Verschließe das Gefäß und stellen es für vier Wochen auf die Fensterbank in die Sonne, der Zucker wird nahezu flüssig. Zwischendurch einige Male umrühren.

Schütte deine Zuckermischung in einen Topf, gib den Saft einer Zitrone dazu. Sanft erwärmen. Die jetzt flüssige Löwenzahnmischung durch ein feines Sieb in sterile Schraubdeckelgläser füllen und gut verschließen. Abkühlen lassen.

Diese vegane Köstlichkeit schmeckt auf dem Frühstücksbrot oder in kühlem Joghurt einfach herrlich!

# MULCHEN

**Liegt in den Erdbeerbeeten so viel Stroh, damit es dort hübscher aussieht? Nein, falsch gedacht, das nennt man „Mulch".**

Dein umgegrabener Gartenboden verliert viel Feuchtigkeit, wenn er offen daliegt. Er wird hart, Regenwürmer haben es hier schwer. Damit sich außerdem nicht zu viel Unkraut ansiedelt, deckst du ihn besser rund um deine Gemüse- oder Blühpflanzen ab. Das kannst du mit einem Vlies machen, umweltschonender und auch viel nachhaltiger ist aber eine Schicht aus Blättern. Sobald diese verrottet sind, gräbst du sie einfach unter und führst so dem Boden neue Nährstoffe zu. Der Boden bleibt so lockerer und feuchter – du musst tatsächlich nicht so oft gießen!

## SO GEHT'S

Lockere den Boden vor dem Mulchen sanft mit der Hacke auf. Verteile den Mulch um deine Gemüsepflanzen herum. Beim nächsten Mulchen wird der alte Mulch in den Boden eingegraben, um damit den Boden zu düngen. Verwende Rasenschnitt, Brennnesseln (ohne Samen!), Herbstlaub oder Stroh als Abdeckung. Alle möglichen Gartenabfälle und Gemüsereste sind geeignet, müssen aber fein zerkleinert werden – am besten gehäckselt. Schau genau, mit welchem Schnittgut du um welches Gemüse herum mulchst: Beinwell versorgt den Boden mit Kalium. Tomatenblätter um Kohl und Wirsing gelegt wehren Schmetterlinge und Flöhe ab, damit sie hier keine Eier ablegen.

**Weißer Senf** und **Holunderblätter** wehren mit ihrem Duft Schnecken ab.

**Brennnesseln** reichern den Boden mit Stickstoff an, wenn sie verfaulen. Mulche damit zwischen deinen Tomatenpflanzen.

**Stroh** ist der am häufigsten verwendete Mulch.

# DAS GARTENJAHR

**Egal zu welcher Jahreszeit, der Gärtner hat das ganze Jahr über genug zu tun. Hier findest du einen Überblick der wichtigsten Arbeiten.**

## FRÜHLING

- Ziehe im Februar auf deiner Fensterbank die ersten Setzlinge vor, zum Beispiel Tomaten und Paprika.
- Lass deine Frühkartoffeln an einem kühlen, hellen Ort keimen.
- Im März bereitest du deine Blumentöpfe oder Beete vor: Entferne das Unkraut, lockere und dünge den Boden, streue Komposterde aus und grabe sie unter.
- Säe im April in Blumentöpfe Sommerblumen, Gewürze, Gurken, Zucchini und Kürbisse.
- Mitte April setzt oder säst du Salat, Spinat, Karotten, Radieschen, Zwiebeln, Blumenkohl, Brokkoli, Rosenkohl, Wirsing, Rote Bete, Petersilie, Kohlrabi und Kartoffeln direkt ins Freie.
- Ab Mai setzt du Salat, Mangold, Gurken, Tomaten, Zucchini und Kürbisse, Bohnen, Erbsen und Kräuter nach draußen.
- Pflanze jetzt deine Obststräucher: Himbeeren, Johannisbeeren und Heidelbeeren.
- Bau dir ein Bohnentipi.
- Gieße deine Pflanzen täglich.

## SOMMER

- Ernte!
- Anfang Juni erntest du deine Frühkartoffeln und häufelst die späteren Kartoffelsorten an.
- Pflücke die Kräuter vor der Blütezeit (danach verlieren sie ihren Geschmack).
- Nasche Heidelbeeren, Johannisbeeren und Erdbeeren.
- Jäte fleißig das Unkraut.
- Baue Rankhilfen für Bohnen, Erbsen, Gurken und Kürbisse. Binde Kletterpflanzen an.
- Entferne regelmäßig verwelkte Blüten. Dadurch wird die Bildung neuer Blüten beschleunigt.
- Prüfe, ob die Pflanzen frei von Schädlingen sind.
- Lockere von Zeit zu Zeit die Erde um die Pflanzen herum auf.
- Geize deine Tomaten aus – schneide also die Seitentriebe ab.
- Achte darauf, dass dein Komposthaufen feucht genug ist.
- Vermehre deine Erdbeerpflanzen.
- Säe bis August Feldsalat, dann kannst du ihn im Herbst ernten.
- Sorge dafür, dass die Vögel frisches Wasser haben.
- Dünge alle zwei Wochen mit Brennnesseljauche oder alle sechs Wochen mit Guano.
- In heißen Sommertagen gießt du deine Pflanzen morgens und abends.

## HERBST

- Ernte!
- Flicht Zwiebel- und Knoblauchzöpfe.
- Pflanze ab Oktober die Blumenzwiebeln, die im Frühjahr blühen werden, zum Beispiel Tulpen, Narzissen und Hyazinthen.
- Bringe die verwelkten Blätter, Blumen und abgestorbenen Pflanzen auf den Komposthaufen.
- Grabe Dahlienknollen aus und lagere sie über den Winter ein.
- Sammle Blumensamen für die Aussaat im nächsten Jahr. Trockne sie und lege sie in hübsche Papiertüten.
- Trockne die geernteten Sonnenblumenkerne und bewahre sie auf, um sie selbst zu essen oder um sie im Winter den Vögeln zu füttern.
- Verpflanze zweijährige Pflanzen an den Ort, an dem sie im nächsten Jahr stehen sollen.
- Teile Stauden, die sich zu stark vermehrt haben.
- Gieße die Pflanzen weniger. Du solltest sie jetzt nicht mehr düngen.

## WINTER

- Ernte fleißig Rosenkohl, denn trotz der Kälte wird dieses Gemüse bis zum Frühjahr weiter wachsen. Gib den Pflanzen Halt, damit sie nicht durch zu viel Schnee erdrückt werden.
- Decke kälteempfindliche Pflanzen mit Laub oder Fichtenreisig ab.
- Bewahre kälteempfindliche Töpfe an einem trockenen Ort auf. Wenn sie zu groß sind, schütze sie vor Frost durch einen dicken Mantel aus Jutestoff.
- Entferne deine Gartendeko.
- Entferne die Rankhilfen der Bohnen, Erbsen, Gurken und Kürbisse.
- Fertige Nistkästen an und hänge sie auf. Aus den alten entfernst du die Nester und reinigst sie.
- Bastle Vogelfutterhäuschen. Sorge dafür, dass die Vögel immer genug Futter haben.
- Fertige Beetmarkierungen fürs kommende Jahr an, bastle Vogelscheuchen und bemale Blumentöpfe.
- Pflanzen, die den Frost im Keller oder in einer Scheune abwarten, müssen alle vier Wochen mäßig gegossen werden.

# SAATGUT SAMMELN

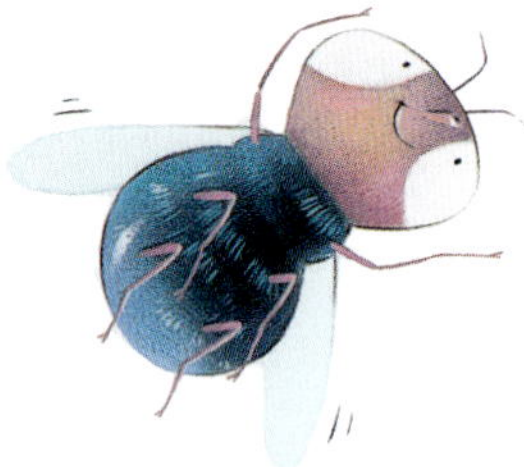

Deine Pflanzen, die du im Garten anbaust, entwickeln nach der Blütezeit Samen. Sammle sie und lege sie zum Trocknen auf Zeitungspapier. Bewahre sie fürs kommende Jahr in kleinen Papiertütchen auf.

Das Geheimnis deines Erfolgs als Gärtner besteht darin, nur wirklich reife Samen zu ernten und diese kühl und trocken und vor allem dunkel zu lagern.
Fülle deine Papiertüten jeweils nur mit einer Samensorte. Auf deine Papiertüten zeichnest oder schreibst du, welche Samen du darin aufbewahrst.

PROJEKT

# SAMENBOMBEN

**Samenbomben sind eigentlich eine alte Methode zur Wiederaufforstung, bei der Nutzpflanzen oder alteingesessene Pflanzen in dichter Vegetation, in trockenen Gebieten oder auf schwer zugänglichem Land ausgesät werden.**

Heutzutage sind Samenbomben zu einem Werkzeug von Guerillagärtnern auf der ganzen Welt geworden. Sie werden zur Begrünung verlassener städtischer Gebiete, zur Schaffung einer blühenden Wiese und manchmal auch beim Gärtnern verwendet. Du kannst eine Samenbombe in deinen Garten, auf den Schulrasen, auf eine Grünflache vor deinem Wohnblock oder in einen Blumentopf werfen. Kaum befindet sich die Bombe im Freien, wird sie durch Regen bewässert. Wenn du sie zu Hause oder unter einem Dach nutz, gießt du sie am besten selbst regelmäßig. Mit der Zeit beginnen die Samen zu keimen. Der Ton wird durch die Feuchtigkeit im Innern gesprengt und neue Pflanzen sprießen aus dem Ton hervor. Für Samenbomben kannst du alle Samen verwenden. Radieschen, Kopfsalat und Rucola wachsen am schnellsten. Aber auch die Samen anderer Gemüsesorten (Kürbis, Bohnen, Gurken usw.) sind geeignet – oder aber Blumensamen. Der Inhalt hängt also hauptsächlich davon ab, wo du die Samenbomben abwerfen möchtest.

## DU BRAUCHST

- Ton
- Blumenerde
- verschiedene Samen

1 Forme eine Schale aus einem Klumpen Ton.

2 Fülle sie mit Erde.

3 Füge eine Prise Samen hinzu.

4 Drücke die Ränder der Schale zusammen. Achte darauf, dass du den Rand nicht mit Erde beschmutzt, damit der Ton gut klebt.

5 Forme eine Kugel mit deinen Handflächen. Lege die Kugeln auf ein Zeitungspapier und lass sie einige Tage trocknen.

# GARTENDEKO

**Das ganze Jahr über kannst du deinen Garten zusätzlich mit selbstgemachter Deko schmücken. Was nicht zur Jahreszeit passt, lagerst du ein.**

Bunt gestaltete Blumentöpfe sind ein Blickfang für deinen Balkon. Du kannst aber auch mit Fundstücken aus der Natur basteln, wie großen Weinbergschneckenhäuschen, oder hübsche Laubsägearbeiten machen – beispielsweise fröhliche Holzblumen. Es gibt aber auch im Bastelfachgeschäft oder im Baumarkt bereits fertig zugesägte Kleinteile, wie Astscheiben, aus denen du mit Hilfe eines Handbohrers und einer Juteschnur schnell schöne Schneemänner machen kannst.

Die Schneemänner am Gartenzaun warten sehnsüchtig auf den Winter.

Ob in diesen Schneckenhäusern kleine Gartenelfen wohnen?

Eine Anleitung für die putzige Vogelscheuche findest du auf Seite 30.

Diese hölzernen Blumen blühen immer!

Super sieht eine **Gartenzwergdame** aus! Gieße dazu eine PET-Flasche mit Bastelbeton aus (mehrfach klopfen, damit keine Blasen entstehen) und lass die Masse trocknen. Schneide dann die Plastikflasche auf und hol deine Figur heraus. Grundiere sie weiß und lass sie mindestens einen weiteren Tag trocknen. Dann kannst du sie nach Herzenslust bemalen. Arbeite mit Acrylfarbe oder Permanentmarkern und fixiere das Gemalte zusätzlich mit Klarlack. Dann hast du lange Freude daran.

Diese Gartenzwergin ist richtig niedlich.

# KLEINE MITBEWOHNER

# TIERISCHE HELFER

**Kennst du diese krabbelnden Gartenhelfer? Diese Bewohner deines Gartens sind so unauffällig, aber ohne sie wäre deine Ernte winzig.**

Der erste Eindruck, den der Garten eines echten Naturfreunds vermittelt, ist Unordnung. Ein Haufen herabgefallener Äste, nicht abgeharktes Laub, überwucherte Hecken, alte Bäume, Holzstapel. Jedoch hat das alles einen Zweck. Das alles sind Ecken, in denen kleine Tiere ein Zuhause finden und uns helfen Schädlinge auf natürliche Weise zu bekämpfen.
Anders ist es auf Balkons und Terrassen, wo du keine alte Bäume wachsen lassen kannst. Auch ein Balkongärtner braucht Helfer. Du kannst sie auf unterschiedliche Weise anlocken, beispielsweise durch Pflanzen, die sie mögen oder durch ein Insektenhotel.

Die kleinen **Marienkäfer** sind gefräßige Raubtiere. Sie ernähren sich von Milben, Käfer- und Motteneiern und fressen etwa 150 Blattläuse pro Tag. Als Larve frisst der Marienkäfer sogar bis zu 800! Du kannst Marienkäfer anlocken, indem du Brennnesseln, Aronstäbe, Schmuckkörbchen (Cosmea) oder Mädchenaugen (Coreopsis) in deinen Garten pflanzt. Die kleinen Käfer sind gesellig und überwintern gerne in Schwärmen. Sie können bei dir in einem auf den Kopf gestellten, mit Stroh gefüllten Blumentopf, überwintern.

**Ohrwürmer** essen alles. Sie bevorzugen tierische Nahrung: Blattläuse, Milben, Insekteneier. Sie fressen bis zu 120 Blattläuse pro Tag.

Niedlicher Nützling: Der **Igel** frisst gerne Schnecken. Zum Überwintern braucht er einen großen Reisig- oder Laubhaufen.

Raupen, Würmer und Insekten, die sich an Gemüse gütlich tun, sind ein wahrer Leckerbissen für **Vögel**. Stelle, um sie anzulocken, ein Vogelfutterhäuschen, immer gefüllt mit Vogelfutter, auf. Befestige außerdem im Frühjahr einen Nistkasten unter dem Dachvorsprung oder an einem hohen Baum.

Alle **Bienen** helfen bei der Bestäubung. Wildbienen bleiben länger auf den Blüten als Honigbienen und sind daher sogar noch bessere Bestäuber. Du kannst sie anlocken, indem du Schmetterlingsflieder, Lavendel, Astern, Minze, Rosmarin, Salbei oder Oregano pflanzt.

Die grüne **Florfliege** ist ein zartes, fast durchsichtiges Geschöpf, das sich von Blattläusen, Schildläusen, Milben, Spinneneiern und Motten ernährt. Sie liebt Kamille, Engelwurz, Dill, Schmuckkörbchen und Sonnenblumen

# WO KLEINE KRABBLER WOHNEN

**Nutze die Winterzeit, um zu werkeln: Schaffe deinen kleinen Freunden im Garten eine Bleibe, damit sie den nächsten Winter überleben können. Ab März kannst du dein Insektenhotel im Garten aufstellen.**

In alten Gärten oder Obstbaumwiesen finden Insekten in alten Bäumen, Baumstümpfen oder Asthäufen einen Unterschlupf für den Winter und Platz, um ihre Eier abzulegen. In neu angelegten, sehr ordentlichen Gärten gibt es keine solchen verborgenen Plätzchen. Als Ersatz kann ein Stapel Brennholz oder Insektenhotel dienen, das du mit ein wenig Aufwand selbst bauen kannst. Für den Bau des Häuschens verwendest du natürliche, unbehandelte Materialien: **Tontöpfe, Holzbretter, Ziegelsteine und alte Körbe** bilden das Gerüst. Den Zwischenraum füllst du mit **Ästen, Stroh, Schilfhalmen, Zapfen, Ziegelscherben, Steinen oder angebohrten Holzstücken**. Wenn du verschiedene Insekten anlocken willst, sollten die Materialien verschieden und die Öffnungen unterschiedlich groß sein. Die Häuser brauchen ein Dach, wenn sie im Freien stehen. So werden die vielen kleinen Rückzugsorte nicht nass.

Im nächsten Frühling, wenn die ersten Sonnenstrahlen deine Gartenhelfer wecken, werden sie sich sofort an die Arbeit machen und so viele Blüten bestäuben, wie du ihnen bietest.

Baue ein einfaches Insektenhotel aus alten Ziegelsteinen. Fülle die Lücken mit ganz unterschiedlichen Materialien und decke das Insektenhotel mit einer Platte ab, um es vor Regen zu schützen.

Blumentöpfe, die durch eine farblose Holzlasur vor Regen geschützt sind, eignen sich hervorragend für ein Insektenhotel. Fülle sie für Hummeln und Wildbienen mit Pfahlrohr (Schilf). Für Marienkäfer mit Stroh.

PROJEKT

# INSEKTENHOTEL

**Nutze die Winterzeit, um zu werkeln: Schaffe deinen kleinen Freunden im Garten eine Bleibe, damit sie den nächsten Winter überleben können. Ab März kannst du dein Insektenhotel im Garten aufstellen.**

## DU BRAUCHST

- Brett, 12 cm breit und 2 cm dick, zugesägt in folgende Längen:
  Dach: 25 cm lang und 23 cm lang
  Boden: 23 cm lang
  Wände: 2 x 45 cm lang (Schnitt oben 45°)
  Teiler 3 x 12 cm und 2 x 8 cm
- dickes Brett, 12 cm breit und 4 cm dick
- Zwischenböden: 2 x 23 cm lang,
  ein dünnes Brett für die Rückwand,
  57 cm x 27 cm
- Heu, Stroh, Zapfen, Äste
- Astscheibe
- Maschendraht oder Schnur und 40 kleine Nägel
- Lasur auf Wachsbasis
- Säge und Gehrungssäge
- Schleifpapier
- Bohrmaschine
- Nägel und Hammer

1 Lass dir im Baumarkt die Bretter auf die richtige Länge zusägen. Die beiden langen Wandstücke kannst du mit einer Gehrungssäge an der Oberkante in einem 45-Grad-Winkel anschrägen, damit das Dach dicht anliegt. Schleife alle Kanten mit Schleifpapier ab. Wenn du magst, streichst du alle Einzelteile mit umweltfreundlicher (Wachs-)Lasur.

2 Bohre in die beiden dickeren Bretter und in die Astscheibe Löcher mit verschiedenen Durchmessern.

3 Lege die Bretter auf eine Unterlage in die gewünschte Endform des Hauses. Nagle die einzelnen Teile zusammen. Nagle das dünnere Brett für die Rückwand an die Rückseite, um Zugluft zu vermeiden. Säge es entlang der Dachschräge bündig ab. Fülle die Zimmer deines Hotels mit Stroh, hohlen Stängeln, Zapfen und Zweigen. Sichere sie mit etwas Maschendraht oder ein paar gespannten Schnüren.

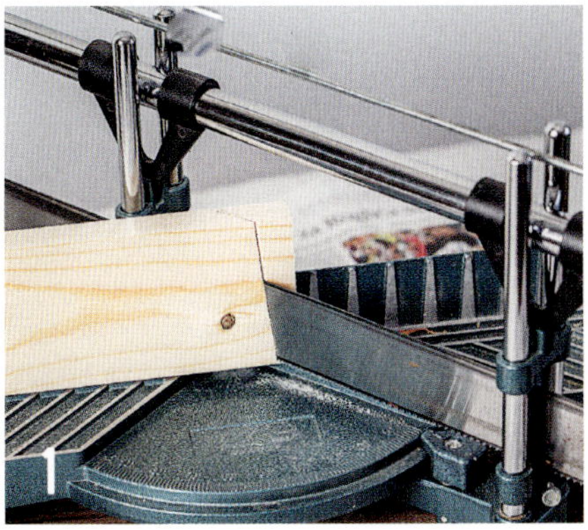

# HÜTTEN UND PALÄSTE

**Je nach Durchmesser und Material ziehen die Löcher andere Bewohner an.**

Du kannst ein Hotel für Wildbienen aus einer Baumscheibe bauen: Bohre, mit Hilfe eines erwachsenen Helfers, Löcher mit verschiedenen Durchmessern in das Holz. Die Löcher sollten glatte Wände haben, damit die Flügel der Insekten nicht beschädigt werden. Bohre ein Loch in den Rand einer Baumscheibe für die Stange, die als Ständer dienen wird. Stecke die Stange mit der Baumstammscheibe in den Blumentopf. Wenn die Scheibe keine Rinde umgibt, streichst du den äußeren Rand mit einer umweltfreundlichen Holzfarbe an, um sie so vor Feuchtigkeit zu schützen.

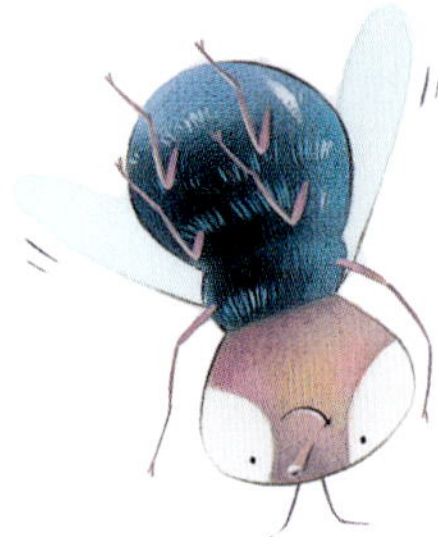

PROJEKT

# VOGEL-PLÄTZCHEN

1 In einem Topf auf dem Herd löst du einen Esslöffel Schmalz oder Kokosfett auf und fügst nach und nach Samen wie Sonnenblumenkerne, Hirse oder aber Haferflocken hinzu, bis eine dicke Masse entsteht. Gut umrühren.

2 Die Plätzchenformen auf ein mit Backpapier ausgelegtes Backblech legen. Fülle die Plätzchenformen mit der Mischung. Lege ein weiteres Backblech darüber, um die Förmchen zu beschweren. So verhinderst du, dass das Fett aus den Formen rinnt.

3 Stelle das Backblech an einen kühlen Ort (z. B. auf den Balkon), damit das Fett aushärtet. Benutze ein Schaschlikstäbchen, um ein Loch für die Schnur zu machen, wenn das Fett zäh aber noch nicht hart ist.

4 Entferne die Plätzchenformen und fädle die Schnur durch.

5 Hänge die Vogelplätzchen draußen auf, sobald es den ersten Frost gegeben hat. Jetzt kannst du die Piepmätze beim Futtern beobachten!

**Vögel benötigen vor allem im Winter Futter wie Samen und Fett. Achte darauf, dass die Körner trocken und sauber bleiben – und die Vögel vor Katzen und Raubvögeln sicher sind.**

# NISTKÄSTEN

**Ein Nistkasten bietet den Vögeln ein schützendes Heim, während sie auf ihre neue Brut warten und während die Jungvögel heranwachsen.**

Ein Brutplatz in deinem Garten bedeutet, dass dich jeden Morgen fröhlicher Vogelgesang wecken wird. Und Vögel sind so nützlich! Während die Vogeleltern die immer hungrigen Knirpse füttern, wird es in deinem Garten kaum Schädlinge geben!

Die Balzzeit der meisten Singvögel beginnt Ende Januar. Die meisten beginnen schon etwas früher mit der Suche nach einem Nistplatz oder suchen gerne in kalten Wintern darin Schutz. Du solltest die Kästen also bereits im November oder Dezember vorbereiten. Hänge dann neue Nisthilfen auf, entferne alte Nester und reinige den Nistkasten gründlich, denn auch Vögel mögen saubere Betten.
Du kannst Nistkästen selbst bauen oder sie im Baumarkt kaufen. Zunächst musst du jedoch herausfinden, welche Vögel in deiner Umgebung leben, da dies die Größe der Brutplatzöffnung, also des Einfluglochs, bestimmt.
Es ist außerdem wichtig, wie hoch die Öffnung über dem Nest ist, wenn sie nämlich zu niedrig ist, werden die Vögel nicht darin nisten, weil die Jungen dadurch dem Durchzug ausgesetzt und ungeschützt vor Raubtieren sind.

Schütze die Verzierungen mit einem wasserfesten Lack.

## WIE GROß SOLLTEN DIE EINGANGSÖFFNUNGEN SEIN?

- Wenn du möchtest, dass eine Sumpf-, Blau- oder Tannenmeise bei dir nistet, sollte der Durchmesser der Öffnung des Brutkastens nicht größer als 26 mm sein.
- Ein 32 mm-Einflugsloch lockt Spatzen, Kohlmeisen, Stare, Halsbandschnäpper, Wendehälse und Kleiber an.
- Nistkästen mit einer 55 mm-Öffnung sind für das Nisten von Staren, Zwergohreulen und Sperlingskäuzen vorgesehen, aber manchmal kann sich auch ein Gimpel hier niederlassen.

## WO SOLL DER NISTKASTEN HIN?

Wähle den Platz sorgfältig aus, bevor du den Nistkasten aufhängst. Wenn möglich, sollte die Öffnung nach Osten oder Südosten zeigen, um starke Sonneneinstrahlung zu vermeiden. Er sollte unmittelbar an einem Baumstamm oder unter einem Dachgesims also windgeschützt hängen und sollte auf keinen Fall für neugierige Hauskätzchen oder Marder zugänglich sein.

Viele Vögel nutzen Nistkästen das ganze Jahr über als Wetterschutz.

# AB IN DEN TOPF!

# TOMATEN

## STANDORT: sonnig, windgeschützt

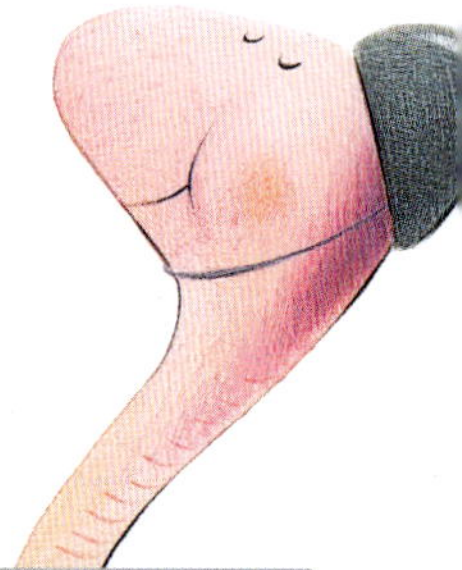

**Es ist erstaunlich, wie viele Tomatensorten wir kennen und wir können sie alle selbst anbauen: Du kannst zwischen runden, herzförmigen oder pflaumenförmigen wählen, zwischen winzigen Kirschtomaten oder riesengroßen, roten, gelben oder grünen.**

Fülle eine Wanne mit Substraterde und streue die Samen darauf. Bedecke sie mit einer dünnen Schicht Erde. Gieße sie und stelle sie auf eine Fensterbank. Wenn die Pflänzchen zwei echte Blätter gebildet haben, kannst du sie pikieren. Jedes Pflänzchen bekommt einen eigenen Topf.

Sobald die Pflanze doppelt so hoch wie der Topf ist, kannst du sie in einen größeren Topf umtopfen. Stich ein Loch in die Erde und setze die Pflanze, deren Wurzeln du gelockert hast, ein. Um den Stängel herum häufst du Erde an und drücke sie mit den Fingern vorsichtig ein. Gieße sie.

Bald kommen die ersten leuchtend gelben Blüten hervor, die Bienen und andere Insekten anlocken. Aus den befruchteten Blüten gucken winzige Tomaten hervor. Wenn sie dicker werden, fallen die gelben Blütenblätter ab.

Aus den kleinen grünen Kugeln wachsen dann große Tomaten heran. Obwohl sie noch grün sind, werden sie doch jeden Tag praller und schwerer werden. Unter ihrem Gewicht beginnen sich die Triebe zu biegen. Sie können sogar brechen.

Zweige voller Früchte brauchen Rankhilfen. Stecke einen Stock neben den Stamm, der etwas höher als die Pflanze selbst ist. Binde die Pflanze mit einer Schnur vorsichtig an. Führe die Schnur in Form einer Acht um den Stock.

Sobald die Pflanze vier Haupttriebe hat, solltest du die Geiztriebe, die zwischen Stamm und Blättern zu wachsen beginnen, herausbrechen. Kontrolliere die Pflanzen regelmäßig und entferne die verwelkten Blätter.

Gieße die Tomaten regelmäßig, aber schütze ihre Blätter vor Regen und Gießwasser. Sonst bekommen sie schnell Kraut- oder Braunfäule. Dazu kannst du auch einen alten Regenschirm verwenden. Ab und zu düngen.

Ein guter Nachbar der Tomaten ist die Studentenblume, die du in denselben Topf pflanzen kannst. Wegen ihres stechenden Geruchs ist diese Blume berüchtigt – sie vertreibt sogar Blattläuse!

Vor Jahrhunderten waren Tomaten nur etwas für Mutige, da die rote Frucht, die um 1500 aus Südamerika eingeführt wurde, als giftig galt.

# AUBERGINEN

## STANDORT: sonnig, windgeschützt

**Die ersten Auberginenn wurden bereits vor 4 000 Jahren in Indien angebaut. Sie wurden von den Mauren aus den arabischen Ländern nach Europa gebracht. In Italien sind sie schon seit dem 15. Jahrhundert bekannt. Früher wurden sie „Eierfrucht“ genannt.**

Fülle Anzuchttöpfe mit Substraterde. Mit dem Finger drückst du eine Vertiefung in die Erde und gibst zwei Auberginensamen hinein. Bedecke sie mit Erde und gieße sie vorsichtig. Der Samen entwickelt sich innerhalb von zwei Wochen zu einer kleinen Pflanze. Sollten beide Samen keimen, entfernst du die schwächere Pflanze

Das stärkere Pflänzchen hat nun genügend Platz und Nährstoffe, um zu einem kräftigen Pflänzling heranzuwachsen, der in einen größeren Topf oder in den Garten verpflanzt werden kann.

Nimm die Pflanze aus dem Topf und lockere die Wurzeln mit deinen Fingern. Grabe in der Mitte des größeren Topfs ein Loch und setze den Pflänzling ein. Häufe Erde um den Stängel herum und drücke sie vorsichtig fest. Gut gießen.

Die Blüten der Aubergine sind zart violett mit leuchtend orangefarbenen Staubgefäßen. Sie ziehen Bienen und andere Insekten an, die sie bestäuben. Eine Pflanze trägt bis zu zehn Blüten, aus denen sich Früchte entwickeln.

Aus der befruchteten Blüte beginnt sich eine Aubergine zu entwickeln. Wenn du siehst, dass sie prall wird, gießt und düngst du sie häufig. So hat sie genügend Nährstoffe, um gesunde und große Früchte zu tragen.

Gieße Auberginen regelmäßig, aber nicht übermäßig. Die Pflanze mag weder zu nassen noch zu trockenen Boden. Gieße morgens oder abends, wenn der Boden nicht so heiß ist.

Reife Auberginen werden mit einer Schere abgetrennt, wenn sie mehr als 10 cm lang sind. Ihre Schale hat eine unverkennbare tiefviolette Farbe und glänzt wunderschön.

# PAPRIKA UND CHILI

**STANDORT: sonnig, windgeschützt**

**Ein sonniges Plätzchen ist ein Segen für die heißblütigen gelben, roten und grünen Paprika und scharfen Chilis aus dem tropischen Südamerika. Paprika bringt Farbe ins Essen, Chilis Schärfe.**

Fülle einen kleinen Plastikbehälter, der Löcher im Boden hat mit Anzuchterde. Streue die Samen auf die Oberfläche und bedecke sie mit einer dünnen Schicht Erde. Vorsichtig gießen und auf eine sonnige Fensterbank stellen.

Wenn die kleinen Paprikaschoten zwei richtige Blätter bekommen haben, pflanzt du sie in kleine Töpfe um. Mit einem flachen Holzstäbchen gräbst du die Pflanze aus. Setze die Pflanze in das Loch und drücke die Erde um den Stiel mit den Fingern flach.

Sobald der Setzling gewachsen ist, pflanzt du ihn in einen größeren Topf um. Fülle zunächst den Topf mit Erde. Mache in der Mitte ein Loch und pflanze die Paprikapflanze ein. Um den Stängel gibst du Erde und drückst diese mit den Händen leicht an. Gut wässern.

Bald wird deine Pflanze voller Blüten sein, auf denen sich viele Insekten tummeln. Sie bestäuben die Blüten, aus denen sich dann Früchte bilden. Zunächst entwickeln sich kleine Beulen, die langsam praller werden.

Paprika im Gewächshaus anbauen? Geht, aber die Insekten kommen nicht an die Blüten, also musst du bestäuben. Streiche sanft mit einem Pinsel über das Innere der Blüte und übertrage den Pollen auf eine andere Blüte.

Die Paprikaschoten wachsen und werden jeden Tag größer. Wenn du gelbe oder rote Paprika gepflanzt hast, beginnen sie langsam ihre Farbe zu verändern. Um schöne und saftige Früchte wachsen zu lassen, besprühst du sie jeden Abend mit Wasser.

Gieße deine Pflanze regelmäßig, damit sie reichlich trägt. Wenn die Pflanze 25 cm hoch ist, schneidest du sie oben ab, damit sie strauchig wächst. Vergiss nicht, alle paar Wochen zu düngen, damit die Früchte gesund und schmackhaft werden.

Eine Chilipflanze ist mehr als genug in deinem Garten, da Chilipflanzen immer reichlich tragen. Du kannst eine mild schmeckende Ernte anbauen, indem du die Pflanze ausgiebig wässerst. Je weniger du sie gießt, desto schärfer ist die Chili.

REZEPT

# SCHMECKT NACH MEER!

Schneide die Tomaten in Würfel. In einer Schüssel Tomatenwürfel, Thunfisch, entkernte Oliven, Gewürze, Salz und zwei Esslöffel Öl vermischen. Verwende für jedes Körbchen entweder ein Viertel Blätterteigbogen oder zwei kleine Filoteigquadrate. Pinsle das Muffinblech mit Öl aus, lege den Blätterteig hinein und drücke ihn leicht an, so dass eine Mulde entsteht. Die Füllung hineingeben und Käse darüber streuen. Die Meereskörbchen bei 200 Grad 12 Minuten backen. Jeweils mit einem frischen Basilikumblatt und einer ganzen Olive garnieren. Noch warm essen.

## DU BENÖTIGST (FÜR 12 KÖRBCHEN)

- 1 Paket Filoteig oder 2 Rollen Blätterteig
- 4 saftige Tomaten
- 3 Dosen Thunfisch
- Olivenöl
- 150 g Oliven
- Thymian, Majoran, Basilikum
- Salz und Pfeffer
- 100 g geriebener Käse

REZEPT

# MHM, HAMBURGER!

Schneide das Brötchen in zwei Hälften. Schneide die Aubergine in Scheiben, reibe sie mit Salz ein und lasse sie einige Minuten stehen, sie verliert so Wasser. Entkerne die Paprikaschote und schneide sie in Scheiben. Schneide die Tomaten in Scheiben und salze sie. Das Gemüse in einer Bratpfanne in Öl anbraten. Aus Hackfleisch, das du mit Salz und Pfeffer würzt, drei Hamburger-Patties formen und von beiden Seiten braun braten. Die untere Brötchenhälfte auf einen Teller legen. Mit Rucola, Grillgemüse dem Hamburgerfleisch und einer Mozzarellascheiben belegen. Nach Belieben Mayonnaise, Senf oder Ketchup zwischen die Schichten geben. Dann mit der oberen Hälfte des Brötchens belegen. Serviette nicht vergessen – guten Appetit!

## DU BENÖTIGST (FÜR 3 BURGER)

- 3 Brötchen
- 400 g Hackfleisch
- Öl
- 1 rote Paprika
- 1 Aubergine
- 1 Tomate
- Handvoll Rucola
- 1 Mozzarella
- Salz und Pfeffer
- Mayonnaise, Senf, Ketchup

# ZUCCHINI

## STANDORT: sonnig

**Achtung! Zucchini brauchen richtig viel Platz. Sie klettern auf Zäune oder breiten sich kriechend am Boden aus. Wenn du sie gießt und düngst, wirst du mit einer reichen Ernte belohnt. Ziehe sie im Freien.**

Fülle Anfang Mai einen kleinen Blumentopf mit Erde. Mache in der Mitte ein Loch, etwa 2 cm tief, und stecke einen Zucchinisamen hinein. Ebne den Boden mit den Fingern, gieße und markiere das Saatgut.

Um das Keimen zu beschleunigen, kannst du ein Minigewächshaus errichten: Schneide den oberen Teil einer Plastikflasche ab und stülpe ihn über den Blumentopf. Diese Haube wird die kleine Pflanze, sobald sie aus dem Boden sprießt, vor Kälte und Wind schützen.

Wenn der Setzling groß genug ist, kann er in einen großen Topf umgepflanzt werden. Ziehe das Pflänzlein vorsichtig aus dem Topf und löse die Wurzeln. Mache ein Loch in die Erde des größeren Topfes und setze den Zucchinisetzling ein. Drücke die Erde ein und gieße sie.

Die Zucchinipflanze hat zwei Arten von Blüten: männliche und weibliche. Die gelben Blüten locken Insekten an, die von der männlichen zur weiblichen Blüte fliegen. Aus der bestäubten weiblichen Blüte entwickelt sich dann das Gemüse.

Zucchini brauchen viel Wasser und Nährstoffe, deshalb müssen sie täglich gegossen und alle zwei Wochen gedüngt werden (am besten mit verdünnter Brennnesseljauche, siehe Seite 39). Schreibe in einen Kalender, wann du die Pflanzen gedüngt hast.

Wenn sich die weiblichen Blüten zu Zucchini entwickeln, kann man die Blüte abpflücken. Zucchiniblüten sind essbar und sehr lecker im Salat. Wenn du sie an den Zucchini lässt, werden sie langsam welk und fallen ab.

Zucchini wachsen und werden praller. Schneide sie ab, wenn sie mindestens 12 cm groß sind. Wenn du die Früchte abschneidest, förderst du das Wachstum und die Entwicklung neuer Früchte, die bis zum Herbst reifen werden.

# KÜRBIS

## STANDORT: sonnig

**Kürbisse gibt es in allen möglichen Sorten, Formen und Farben. Am bekanntesten sind uns die gruselig geschnitzten für Halloween und der Hokkaido-Kürbis. Er ist knallorange und köstlich im Risotto!**

Weiche die Samen über Nacht in Wasser ein, um die Keimung zu beschleunigen. Fülle den Topf mit Erde und Kompost. Stich zwei oder drei Löcher in die Erde und lege in jedes Loch zwei Samen mit der Spitze nach unten. Gieße sie.

Wenn es draußen noch kalt ist, schützt du dein Kürbisprojekt durch eine kleine Haube: Schneide eine größere Plastikflasche etwa 15 cm unterhalb des oberen Rands ab. Stelle die so entstandene Glocke über den Keim.

Kürbisse brauchen eine Menge Nährstoffe und Wasser. Sie gedeihen am besten auf Kompost. Im Topf gezogene Kürbisse müssen regelmäßig gedüngt werden. Gieße sie alle zwei Wochen mit Flüssigdünger oder gib sogar etwas Düngergranulat direkt in den Topf.

Der Kürbis hat männliche und weibliche Blüten. Nach der Befruchtung entwickelt sich aus dem unteren Teil der weiblichen Blüte ein Kürbis. Die Blüte fällt ab. Wenn du große Früchte anbauen willst, lässt du nur einen oder zwei Kürbisse an der Pflanze.

Stütze: Stecke Stangen in den Topf. Wickle die Kürbisranken um die Stäbe. Binde sie zusätzlich mit einer Schnur fest.

So ein Kürbis wird schwer! Lege den Kürbis in ein Obstnetz und binde ihn an seiner Stütze fest. Das Netz sollte geräumig genug sein, damit der Kürbis noch wachsen kann.

Wenn du einen Komposthaufen anlegst, pflanzt du deine Kürbisse am besten direkt daneben. So erhalten sie reichlich Nährstoffe. Lege im Gartenbeet ein Holzbrett unter jede Frucht, damit sie nicht verrottet.

REZEPT

# GEFÜLLTE ZUCCHINIBLÜTEN

Mische geriebenen Käse, Gorgonzola, das Eigelb, einen Teelöffel Olivenöl, Salz und fein gehackte frische Kräuter (sehr lecker ist Schnittlauch) unter den Hüttenkäse. Das Eiweiß zu festem Schnee schlagen. In die Käsemasse rühren und diese eine halbe Stunde lang in den Kühlschrank stellen.

Bevor du die Blüten füllst, prüfst du, ob sich noch Ameisen & Co. darin verstecken. Die Masse in eine Spritze mit dicker Tülle geben und vorsichtig in die Zucchiniblüten drücken. Die gefüllten Blüten garnieren (zum Beispiel mit einer Borretschblüte) und als herzhafte Vorspeise anbieten.

## DU BRAUCHST FÜR 20 STÜCK

- 20 Zucchiniblüten
- ½ Töpfchen Hüttenkäse
- 100 g geriebener Käse
- 50 g Gorgonzola
- Lieblingskräuter
- 1 Ei
- Salz
- 1 EL Olivenöl

REZEPT

# KÜRBIS-RISOTTO

Schneide den Kürbis kreisförmig um den Stängel herum ein und entferne die Kerne mit einem Löffel. Wenn der Kürbis sehr hart ist, sollte dir ein Erwachsener dabei helfen. Lege den Kürbis samt abgeschnittenem Deckel auf ein Backblech und lass ihn im vorgeheizten Backofen bei 220 Grad 20 Minuten backen. Abkühlen lassen.

Die Zwiebel in Öl anrösten. Gewürfeltes Fleisch hinzufügen und 5 Minuten anbraten. Den Kürbis und seinen Deckel vorsichtig aushöhlen, also das Fruchtfleisch herausschaben. Lass so viel übrig, dass der Kürbis noch seine Form behält. Das Kürbisfleisch zusammen mit den in Scheiben geschnittenen Karotten und Erbsen zum Fleisch hinzufügen. Reis, Nelken und Wasser hinzufügen. Salzen und einen Suppenwürfel dazugeben. Köcheln, bis der Reis weich wird. Zum Servieren den Kürbis mit dem Risotto füllen.

## DU BRAUCHST (REICHT FÜR 4 PERSONEN)

- Kürbis, ca. 1 kg
- 200 g Reis
- Öl
- 1 Zwiebel
- 400 g Putenfleisch
- 3 Handvoll Erbsen (evtl. gefrorene)
- 2 größere Karotten
- Salz
- 10 Nelken
- 1 Suppenwürfel

# GURKEN

## STANDORT: sonnig

**Gurken lieben Wasser! Gießen ist superwichtig, denn der Wassergehalt der Gurke liegt bei 97 %. Wenn du diese Pflanze außerdem regelmäßig düngst, wirst du mit einer reichen Ernte belohnt.**

Fülle im April einen kleinen Topf mit Ablaufloch mit Anzuchterde. Mache mit dem Finger eine Vertiefung und lege einen Gurkensamen hinein. Bedecke ihn mit Erde und gieße vorsichtig. Stelle ihn auf eine helle Fensterbank.

Wenn die Pflanzen ein wenig gewachsen sind, ist es Zeit, sie in einen größeren Topf (oder den Garten) umzupflanzen. Fülle ihn mit Erde und grabe in der Mitte ein Loch. Fasse die Jungpflanze am Stiel und löse die Wurzeln sanft. Setze sie in das Loch. Drücke die Erde ein wenig an.

Salatgurken wachsen schnell. Mache deiner Pflanze ein Gitter aus Stöcken, die du längs und quer zusammenbindest. Die Gurke klammert sich mit ihren Ranken daran fest. Binde die Stellen, an denen die Früchte zu wachsen beginnen, zusätzlich fest.

Gurken brauchen Wärme, Dünger und viel Feuchtigkeit. Sie mag keinen Wind und keine starken Temperaturschwankungen. Gieße deine Pflanze im Sommer regelmäßig, damit die Gurken nicht bitter werden.

Die gelben Blüten ziehen Insekten an. Die befruchteten Blüten entwickeln sich zu Gurken. Die Blüte verwelkt und fällt ab, die Frucht wächst und wird praller. Du kannst die Bestäubung unterstützen, indem du die männliche Blüte an die weibliche drückst.

Im Frühsommer wirst du dann die ersten Früchte deiner Arbeit ernten können. Pflücke die Gurken nicht, sondern schneide sie mit einer Schere ab. Je häufiger du erntest, umso reicher setzen die Gurkenpflanzen neue Früchte an.

REZEPT

# SOMMERWASSER

**An heißen Sommertagen ist Wasser mit Gurken-Erdbeeraroma die perfekte Erfrischung!**

Eine halbe Salatgurke waschen und in dünne Scheiben hobeln. Erdbeeren waschen, das Grün entfernen und in Viertel schneiden. In eine Glasflasche mit weitem Hals abwechselnd Gurken und Erdbeeren schichten. Die Flasche bis zum Rand mit stillem oder prickelndem Mineralwasser füllen und für einige Stunden in den Kühlschrank stellen. Mhm!

## DU BENÖTIGST

- eine halbe Salatgurke
- 10 Erdbeeren
- Mineralwasser
- Glasflasche mit weitem Hals

# ZUCKERMAIS

STANDORT: sonnig

**Gewusst? Unser Zuckermais stammt ursprünglich aus den Anden und ist botanisch gesehen ein Gras. Einige Maisarten können 4–7 m hoch werden! – Die meisten erreichen jedoch nur eine Höhe von 2,5 m.**

Für den Balkongarten benötigst du einen großen Topf, da du Zuckermais am besten gemeinsam mit anderem Gemüse anbaust. Fülle ihn mit Erde. Lege zwei Maissamen in 2 cm tiefe Löcher und bedecke sie mit Erde.

Aus manchen Löchern werden beide Keimlinge sprießen. Entferne vorsichtig die schwächere Pflanze, um die im Boden verbleibende nicht zu beschädigen. Wenn beide Keimlinge kräftig sind, pflanzt du den ausgezogenen Keimling an einer anderen Stelle wieder ein.

Teamarbeit: Du kannst Bohnen im selben Topf wie deinen Mais ziehen. Der schnell wachsende Mais gibt den Bohnen Halt. Sie klettern am Mais, statt an einer Rankhilfe hinauf.
Im Beet kannst du zusätzlich niedrige Kürbisse pflanzen, die den Platz am Boden nutzen.

Ein Zeichen dafür, dass der Mais reif ist, ist die Braunfärbung seines Bartes. Das kannst du auch überprüfen, indem du mit dem Daumennagel ein Korn eindrückst. Wenn milchiger Saft austritt, ist der Kolben reif. An jeder Maispflanze befinden sich zwei bis drei Maiskolben.

**Perfekt vom Grill mit Butter und Salz!**

# SALAT

## STANDORT: Halbschatten

**Salat mit Dressing haben einst schon die Römer gegessen. Sogar in Babylon wurde er mit Essig und Öl zubereitet. Magst du ihn auch so gerne?**

Für einen Salat braucht man einen breiten Topf. Er muss nicht besonders tief sein, denn Salate haben flache Wurzeln. Die Samen gleichmäßig über die Oberfläche streuen. Bedecke sie mit einer dünnen Schicht Erde und gieße sie gut.

Pflücksalat gedeiht ausgezeichnet in Töpfen. Diese Salatsorte heißt so, weil sie blattweise geerntet wird. Sie wird von März bis August ausgesät. Wenn man den Salat ausdünnt und ein paar Pflanzen stehen lässt, entwickeln sie ein knackiges Köpfchen.

Aber vielleicht bevorzugst du Kopfsalat? In diesem Fall solltest du warten, bis die Pflänzlinge etwas größer sind. Grabe die Pflänzlinge vorsichtig aus und topfe sie jeweils in einen eigenen Topf um.

An heißen Sommertagen musst du den Salat regelmäßig gießen. Bekommt er nicht genug Wasser, verwelkt er, wird bitter und blüht. Ab und zu düngen.

Wenn der Platz ausreicht, pflanzt du andere Gemüsesorten zwischen den Salat, denn der ist einer der besten Nachbarn.

Im Herbst säst du Feldsalat. So wirst du trotz Kälte bis zum Frühjahr frischen Salat haben.

# BOHNENTIPI

Stangenbohnen wachsen an stützenden Stöcken. Wenn man mehrere Stangen am oberen Ende zusammenbindet und am unteren Ende weit auseinanderspannt, erhält man ein Zelt. Stecke die Holzstäbe tief in den umgegrabenen Boden. Grabe zwischen den Stangen Löcher und lege jeweils drei Stangenbohnen hinein. Mit Erde bedecken und regelmäßig gießen. Die Bohnen wachsen von Tag zu Tag mehr und das Zelt wird ein prima Versteck für dich!

# ERBSEN

## STANDORT: sonnig

**Gewusst? Erbsen sind älter als Bohnen. Archäologen behaupten, dass sie in ihrer Heimat, dem fernen Asien, schon vor mehr als 10 000 Jahren auf dem Speiseplan standen.**

Fülle einen großen Topf mit Erde. Stich mit dem Finger 5 cm tiefe Löcher in einem Abstand von 7 cm hinein. Lege jeweils einen Erbsensamen hinein. Bedecke die Löcher mit Erde und gieße sie.

Nach weniger als zwei Wochen sprießen die ersten zarten Blätter aus der Erde. Erbsen wachsen schnell. Gieße sie regelmäßig, aber mäßig, denn sie mögen keine Staunässe. Wenn sich am Boden des Topfes stehendes Wasser befindet, gießt du es ab.

Die Erbsenranken entwickeln sich, wenn die Pflanze etwas größer ist. Wenn mehrere Pflanzen zusammenwachsen, beginnen sie sich aneinander zu klammern, daher ist es sehr wichtig, sie rechtzeitig zu stützen.

Erbsen brauchen Rankhilfen. Du kannst lange Äste, Stangen oder Netze als Kletterhilfe verwenden. Dünger brauchen sie nicht.

Erbsen gehören zu den Hülsenfrüchten und haben sehr schöne Blüten, die in ganz verschiedenen Farbtönen blühen können: weiß, rosa, violett. Sie ziehen geschäftige Hummeln an, die sie bestäuben.

Aus den befruchteten Blüten beginnt sich eine Erbsenhülse zu entwickeln. Die Blüte fällt ab. Wenn du Erbsen unter der Hülle erkennen kannst, pflückst du sie. Die Erbsen sind dann jung und süß. Ernte die Erbsen regelmäßig, um die Entwicklung neuer Früchte zu beschleunigen.

Wie Bohnen haben auch Erbsen symbiotische Knöllchenbakterien in ihren Wurzelknöllchen, die Stickstoff aus der Luft binden und so die Ernährung der Pflanze verbessern. Wenn die Erbsen verwelken, reißt du sie nicht aus, sondern schneidest die abgestorbene Pflanze direkt über der Erde ab. Die Wurzeln, die im Boden bleiben, verbessern die Bodenqualität.

# KARTOFFELN

**STANDORT: sonnig**

**Wusstest du, dass Kartoffeln die vierthäufigst angebauten Nahrungspflanzen der Welt sind? Sie wurden bereits vor 10 000 Jahren im Süden Perus domestiziert. Christoph Kolumbus hat sie nach Europa gebracht. Heute gibt es mehr als 3 000 verschiedene Kartoffelsorten.**

Am Ende des Winters legst du die Saatkartoffeln auf einem Tablett nebeneinander, mit den Augen bzw. Antrieben nach oben gerichtet. Stelle das Tablett an einen kühlen, hellen Ort. Mit der Zeit sprießen die Triebe.

Kartoffeln kannst du auch auf dem Balkon in einem großen Blumentopf ziehen. Ab April geht es los: Decke die Löcher unten im Topf mit Tonscherben ab und fülle den Topf bis zur Hälfte mit Erde. Du kannst 2 bis 5 Kartoffeln hineinlegen.

Die Kartoffeln sollten beim Pflanzen 2 cm lange Triebe haben. Die Seite mit den meisten Sprossen sollte nach oben gerichtet sein. Bedecke sie mit etwa 6 cm Erde und zu Beginn mit einem Frostschutztuch.

Wenn die Pflanze 15 cm hoch ist, häufle die Kartoffeln an. Das bedeutet, dass ab jetzt nach und nach Erde in den Topf gegeben wird, während die Pflanze wächst. Dadurch bleibt der Boden feucht und die Knollen werden nicht grün.

Du musst die Kartoffeln viel gießen, besonders wenn es im Sommer heiß ist. Gieße sie am Abend, wenn die Hitze etwas nachgelassen hat, oder sehr früh am Morgen.

Die Kartoffelblüte ist weiß oder zartrosa mit orangefarbenen Staubgefäßen. Die Blüten im Juni zeigen an, dass die Frühkartoffeln in der Erde groß genug sind, um ausgegraben zu werden.

Möchtest du, dass deine Kartoffeln größer und praller werden? Dann warte, bis die grünen Teile, die oberirdischen großen Blätter, anfangen zu welken – dann ist es an der Zeit für die große Ernte.

Lege Zeitungspapier auf den Boden, damit die Erde ringherum nicht zu sehr verstreut wird. Drehe den Topf um und ziehe die grünen Teile nach oben, so dass alles zusammen auf den Boden fällt. Wühle in der Erde herum, um die Kartoffeln ans Tageslicht zu bringen.

REZEPT

# ERBSENDIP

Alle Zutaten in einen Küchenmixer schütten und zu einer glatten Masse verarbeiten. In eine Schüssel umfüllen und eine halbe Stunde lang kaltstellen. In der Zwischenzeit Karotten und Zucchini in Stäbchen schneiden. Äpfel, Birnen und Kohlrabi schälen und in Scheiben schneiden. Tauche das Gemüse oder die Tortillachips in die herrliche Tunke und genieße das Aroma deiner Ernte.

## DU BENÖTIGST

- 300 g frische, rohe Erbsen (oder Tiefkühlerbsen)
- 1 Knoblauchzehe
- Saft einer halben Zitrone und deren abgeriebene Schale
- 1 Esslöffel Mayonnaise
- 1 Esslöffel saure Sahne
- 1–2 Teelöffel gemahlener Kreuzkümmel
- fein gehackte Petersilie

### FÜRS TUNKEN EIGNEN SICH

- Karotten
- Zucchini
- Äpfel
- Birnen
- Kohlrabi
- Tortillachips

REZEPT

# BRATKARTOFFELSALAT

Die Kartoffeln waschen und samt Schale kochen. Die Pinienkerne in einer Pfanne anrösten und zur Seite stellen. Rucola waschen, mit etwas Balsamico-Essig und Öl, Salz und Pfeffer anmachen, getrocknete Tomaten und zerbröselten Feta hinzufügen. Kartoffeln pellen und in Scheiben schneiden. Die Zwiebel in Ringe schneiden und in Öl anbraten, dann die Kartoffeln dazugeben. Die Bratkartoffeln heiß unter den Salat mischen. Zum Schluss die Pinienkerne darüber streuen.

## DU BENÖTIGST (FÜR 1 PERSON)

- 3 mittelgroße Kartoffeln
- 100 g Feta
- ½ kleine Zwiebel
- getrocknete Tomaten in Öl
- eine Handvoll Rucola
- 50 g Pinienkerne
- Salz und Pfeffer
- Öl
- Balsamico-Essig

# KAROTTEN

## STANDORT: sonnig

**Stöbere mal im Gartengeschäft. Hast du bemerkt, wie viele verschiedene Karottensorten es gibt? Es gibt sogar violette Karotten!**

Säe die Karotten direkt in einen großen Topf oder ins Beet, sie werden nicht gerne umgepflanzt. Schütte die Samen auf deine Handfläche. Nimm eine Prise und streue sie gleichmäßig über den Boden. Mit ein wenig Erde bedecken und leicht gießen.

Es dauert drei Wochen, bis sich die ersten Blätter zeigen. Wenn du kräftige Karotten willst, musst du die Pflänzchen ausdünnen: Rupfe die zarten Pflanzen vorsichtig aus und lasse die stärkeren, mit einigen Zentimetern Abstand, stehen.

Karottenpflänzlinge regelmäßig ausdünnen. Schneide den ausgerupften Pflänzlingen die Würzelchen ab. Wasche das Karottengrün und gebe es in Salate oder Gemüse-Smoothies.

Karotten und Zwiebeln sind gute Nachbarn. Da beide einen starken Geruch haben, werden sie Schädlinge voneinander abwehren. Achtung: Die Karottenfliege kann sowohl das Karottengrün, als auch die Wurzel befallen.

Gieße häufig, aber mäßig. Wenn der Boden zu trocken ist, platzen die Karotten auf. Wenn es zu nass ist, wächst nur das Karottengrün und wird immer größer, während die Karotte klein bleibt.

Nicht alle Karotten sind zur gleichen Zeit reif. Manche sind früher groß und man kann sie schon herausziehen. Ernte die Karotten immer vor dem Gießen. So lässt sich die Karotte leichter herausziehen, ohne die kleineren Karotten, die noch wachsen, zu beschädigen.

Wow, was für bunte Möhren! So sahen die ersten Karotten auch wirklich aus. Die orangefarbenen, die wir heute lieben, wurden angeblich zu Ehren der königlichen Familie um 1500 von einem niederländischen Gärtner gezüchtet.

# SPINAT

## STANDORT: halbschattig

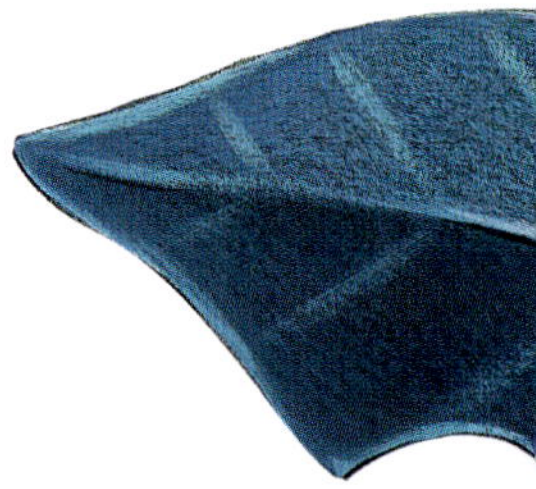

**Dass Spinat gesund und schmackhaft ist, wusste man schon in der Antike. Und dem Cartoon-Helden Popeye verleiht Spinat seine unglaubliche Kraft.**

Fülle einen langen, etwas tieferen Blumenkasten mit Erde. Vor der Aussaat ziehst du der Länge nach eine Rille mit etwa 2,5 cm Tiefe und streust die Spinatsamen dünn ein. Schütte die Rille zu und gieße.

Bald herrscht Gedränge im Beet. Sobald die Jungpflanzen aufgekeimt sind, entfernst du ein paar, so dass die restlichen Pflanzen einen Abstand von ungefähr 7 cm zueinander haben. Die kleinen Spinatpflanzen sind ein prima Salat!

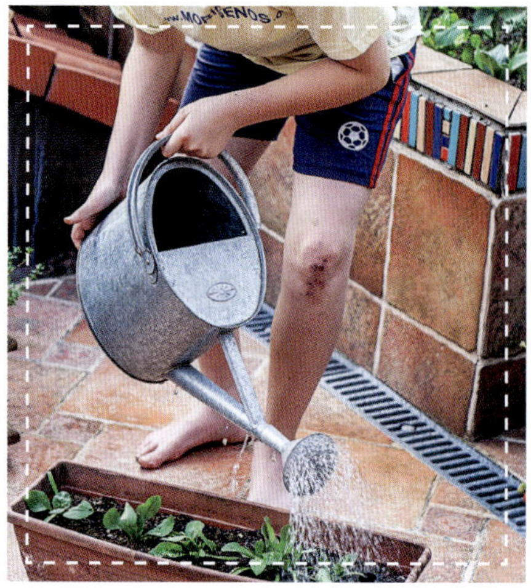

Denk dran: Spinat regelmäßig gießen und düngen.

Spinat fängt an zu blühen, wenn man ihn nicht ausreichend gießt. Schneide die Blüten ab, um die Pflanze zu stärken und neuen Blattwuchs zu fördern. Du kannst den Austrieb neuer Blätter auch fördern, indem du die äußeren Blätter zuerst erntest.

# MANGOLD

**STANDORT: sonnig**

Mangold wird wie Spinat gesät. Wenn die Pflänzlinge groß genug und es zu viele für einen Topf sind, vereinzelst du sie in andere Töpfe. Es gibt Mangold mit weißen, gelben oder pinken Stängeln.

Setze die Mangoldpflänzchen ein. Um die Pflanze herum gibst du etwas Erde und drückst sie mit den Fingern an. Gut wässern. Schneide und gieße Mangold wie Spinat. Vergiss nicht einmal alle sechs Wochen zu düngen.

# ROTE BETE

## STANDORT: sonnig

**Das farbenprächtigste aller Wurzelgemüse, die anspruchslose Rote Bete, braucht nicht viel Pflege. Sie muss nur bewässert und gelegentlich gejätet werden. Der Saft aus gekochter Rote Bete ist lecker und farbintensiv. Er färbt sogar Lippen!**

Fülle einen breiteren Topf mit Erde. Schütte die Rote Bete-Samen in deine Handfläche. Nimm eine Prise Samen mit den Fingern und streue sie auf den Boden. Bedecke sie mit einer etwa 2 cm dicken Schicht Erde. Zwischen die Rote Bete kannst du Zwiebeln pflanzen. Gut wässern.

Rote Bete ausdünnen, wenn sie 10 cm groß ist. Halte einen Abstand von etwa 12 cm zwischen den Pflänzlingen, damit sie dicker werden. Andere Pflänzlinge vorsichtig entfernen, um die Wurzeln nicht zu beschädigen.

Pflanze die kräftigsten Pflänzlinge in einen anderen Topf um. Grabe ein Loch, setze die Pflänzlinge ein und bedecke sie mit Erde.
Du kannst übrigens nicht nur die Knolle sondern auch die jungen Blätter kochen.

Gieße Rote Bete regelmäßig, sonst verholzt die Knolle, beginnt sich zu spalten und verkümmert im Wachstum. Die Rote Bete ist erntereif, wenn die Knolle die Größe eines Golfballs erreicht hat. Grabe das Gemüse mit einer Schaufel, die du unter die Knolle schiebst, vorsichtig aus.

REZEPT

# KNALLROTER SIRUP

Rote Bete schälen. Schneide sie in etwa 3 mm dünne Scheiben und gebe sie in einen Topf. Wasser, Zimt und Nelken hinzufügen und zum Kochen bringen. Die Rote Bete bei mittlerer Hitze etwa eine halbe Stunde lang kochen. Die Rote Bete heraussammeln. Zucker, Vanillezucker und Zitronensäure in den heißen Rote Bete-Saft einrühren. Abkühlen lassen. Den so entstandenen Sirup in Flaschen abfüllen. Für die Zubereitung eines Getränks wird der Sirup mit Mineralwasser verdünnt. An heißen Sommertagen kannst du Minzblätter und Eiswürfel hinzufügen.

## DU BENÖTIGST

- 1 kg Rote Bete
- 2 l Wasser
- 2 Zimtstangen
- 15 Nelken
- 2 kg Zucker
- 2 Päckchen Vanillezucker
- 60 g Zitronensäure
- 3 dicht verschließbare Glasflaschen

# ZWIEBELN

## STANDORT: sonnig

**Gewusst? Beim Schneiden einer Zwiebel wird ein Gas freigesetzt, das aufsteigt und mit dem Wasser in unseren Augen reagiert. Dabei entsteht verdünnte Schwefelsäure. Die Tränendrüsen beginnen Tränenflüssigkeit auszuscheiden, um den Reizstoff aus den Augen zu spülen.**

Du kannst eine Zwiebel aus einem Samen ziehen, aber dafür braucht es viel Geduld. Es ist einfacher, wenn du Steckzwiebeln pflanzt. Setze sie in bis zu 6 cm tiefe Löcher mit einem Abstand von 15 cm.

Zwiebeln sind eine anspruchslose und einfach anzubauende Gemüsesorte. Pflanze sie zwischen Anfang März und Ende April. Die jungen Zwiebeln sprießen schon bald und werden im Spätsommer reif.

Sie ist eine ausgezeichnete Nachbarin vieler Pflanzen. Sie wehrt Karottenfliegen ab, wenn sie zwischen Karotten gepflanzt wird und schützt andere Gemüsesorten vor Mehltau. Balkongarten: Stelle Blumentöpfe mit Zwiebelpflanzen zwischen deine anderen Gemüsesorten.

Zwiebeln im Sommer regelmäßig gießen. Achte darauf, dass sich das Wasser im Topf nicht staut, denn bei Staunässe beginnen Zwiebeln zu faulen. Stelle das Gießen ein, sobald die Zwiebeln zu reifen beginnen, damit sie nach der Ernte schnell trocknen.

Zwiebeln werden am besten geerntet, wenn sie richtig dick sind und ihre Blätter abzusterben beginnen. Reife Zwiebeln sollten vor der Ernte eine spröde Außenschale haben.

Nach der Ernte entfernst du die anhaftende Erde von den Zwiebeln. Lege sie zum Trocknen auf ein mit Zeitungspapier ausgelegtes Tablett. Wenn du das Zwiebellaub nicht abgeschnitten hast, kannst du einen Zwiebelzopf flechten und deine Ernte aufhängen.

REZEPT

# FEINE FLAMMKUCHEN

Gib das Mehl in eine Schüssel. Gieße das lauwarme Wasser mit der aufgelösten Hefe dazu. Salz und gehackten Rosmarin hinzufügen und alles zu einem geschmeidigen Teig verarbeiten. Mit einem Tuch abdecken und eine halbe Stunde gehen lassen.
Den Teig in zwei Hälften teilen. Welle zwei dünne Fladen aus. Auf Backpapier legen und bestreichen. Stich mit einer Gabel kleine Löcher in den belegten Teig. Eine Stunde gehen lassen und unterdessen den Ofen vorheizen. Mit Tomatentamtam oder Zwiebelzauber bestreichen. Die Flammkuchen 15 Minuten lang bei 250 Grad backen.

## TEIG FÜR ZWEI FLAMMKUCHEN:

- 600 g Mehl
- 20 g Hefe
- 300 ml lauwarmes Wasser
- gehackter Rosmarin
- 15 g Salz

## TOMATENTAMTAM

- **3 Knoblauchzehen, zerdrückt**
- **Olivenöl**
- **10 Kirschtomaten**
- **150–200 g Mozzarella**
- **Rosmarin**
- **Salz**

**Die zerdrückten Knoblauchzehen mit Olivenöl beträufeln und auf dem Fladen verteilen. Mit Mozzarella und ganzen Minitomaten belegen und mit Salz und etwas Rosmarin bestreuen.**

## ZWIEBELZAUBER

- **Öl**
- **2 dünn geschnittene Zwiebeln**
- **3 Knoblauchzehen, zerdrückt**
- **Salz**
- **eine Handvoll Majoran**
- **3 Esslöffel Essig**
- **1 Esslöffel Olivenöl**

**Zwiebeln in Öl anrösten, Knoblauch, Salz und Majoran hinzufügen. Wenn die Zwiebeln goldgelb sind, mit Essig übergießen und anschließend noch ein wenig Olivenöl hinzufügen.**

# ERDBEEREN

**STANDORT: sonnig**

**Wenn deine Eltern zu dir sagen: „Iss mal ein paar Beeren“ und sie bringen dir dabei eine große Schüssel Erdbeeren, kannst du ihnen ruhig erklären, dass Erdbeeren botanisch Sammelnüsse und eben keine Beeren sind. Auf ihrer Fruchthaut hat eine Erdbeere bis zu 200 Samen.**

Es ist mühselig Erdbeeren aus Samen zu ziehen. Kaufe lieber kleine Setzlinge auf dem Markt. Fülle einen Topf mit Erde und grabe in der Mitte ein Loch. Setze den Erdbeersetzling in das Loch. Drücke die Erde um die Pflanze herum vorsichtig an. Wässere das Pflänzchen.

Erdbeeren beginnen bereits früh zu blühen. Gieße sie regelmäßig, damit die Früchte saftig und prall werden. Gieße nicht über die Blätter und füge jede Woche dem Gießwasser Flüssigdünger hinzu.

Wenn die Beeren dicker werden, werden sie schwer. Streue Stroh um die Pflanze, damit die Erdbeeren nicht auf dem Boden liegen und verfaulen. Der Mulch erhält die Feuchtigkeit in der Erde. Rote Erdbeeren sind reif und können sofort gegessen werden.

Die Vermehrung der Erdbeeren erfolgt durch Triebe, an deren Ende kleine Pflanzen entstehen. Setze diese in einen neuen Topf und sichere den Trieb mit einer U-förmigen Metallschlaufe. Schneide die Ranke nach ein paar Wochen ab.

REZEPT

# ERDBEEREIS

Süße Sahne steif schlagen. Erdbeeren mit Zucker und Zimt vermischen und mit einem Stabmixer pürieren. Die Erdbeeren in die Sahne geben und gut verrühren, so dass eine rosa Creme entsteht. Wenn die rosa Farbe nicht stark genug ist, mehr Erdbeerpüree hinzufügen. Die Eisformen mit Wasser ausspülen. Die Erdbeercreme in die Eisformen gießen. Die Formen aber nicht bis an den oberen Rand füllen. Tauche die Eisstäbchen darin ein und stelle die Formen ins Gefrierfach. Löse die gefrorenen Eisstiele aus der Form, indem du die Form einige Sekunden lang mit heißem Wasser übergießt.

Auf die gleiche Weise kannst du auch Eis aus Heidelbeeren, Himbeeren, Brombeeren, Johannisbeeren machen – siebe aber hier die Samen vor dem Mischen ab.

## DU BRAUCHST

- 500–700 g Erdbeeren
- 250 g Puderzucker
- eine Prise Zimt
- ¼ l süße Sahne
- Stieleisformen

# HIMBEEREN

## STANDORT: sonnig, windgeschützt

**Die heilende Wirkung von Himbeerblättern und ihrer saftigen Früchte war bereits den Indianern bekannt. In Europa wurde die Himbeere erst im Mittelalter zu medizinischen Zwecken verwendet. Die Frucht wurde auch zur Herstellung eines Farbstoffs verwendet, den sich damals aber nur die Wohlhabenden leisten konnten.**

Pflanze ein oder zwei Pflänzlinge in einen großen, mit frischer Erde gefüllten Topf. Wenn du die Pflänzlinge als Containerware in einem Topf kaufst, kannst du sie zu jeder Jahreszeit pflanzen. Verwende Gartenhandschuhe, um dich nicht an den scharfen Dornen zu verletzen.

Im Frühjahr treibt die Pflanze einjährige Triebe aus, die Ruten genannt werden. Stecke Stangen in den Topf. Binde die Triebe regelmäßig an die Stütze, damit die Früchte besser reifen können.

Bedecke den Boden um die Pflanzen herum mit Mulch, damit die Erde gleichmäßig feucht bleibt. Gieße die Himbeeren im Sommer gut und gib regelmäßig Dünger hinzu, um das Blühen und eine reiche Ernte zu fördern.

Auch Vögel essen Himbeeren mit großem Genuss, deshalb sollte man sie mit einem Vogelschutznetz abdecken. Spanne das Netz straff, damit sich die Vögel nicht darin verheddern können.
Rote Früchte sind reif und können direkt vernascht werden.

Wähle im Herbst einige der stärksten Jungpflanzen aus und binde sie an eine Stütze. Sie werden im nächsten Jahr köstliche Früchte tragen. Schneide die anderen Triebe in Bodennähe ab.

REZEPT

# LUXUSLEBKUCHEN

Die weiche Butter mit Puderzucker schaumig rühren. Honig, Mehl, Eischnee und Gewürze unterrühren. Mit einem Löffel walnussgroße Häufchen auf ein mit Backpapier ausgelegtes Backblech setzen. Nicht zu dicht aneinander setzten, da der Teig beim Backen zerläuft Die Häufchen mit der Rückseite eines nassen Löffels in Kreise mit 6 cm Durchmesser verstreichen, Lebkuchen bei 200 Grad 8 Minuten backen, bis sie an den Rändern leicht gebräunt sind. Die Lebkuchen abkühlen lassen.

Der Lebkuchen wird schnell weich, daher solltest du die Törtchen erst kurz vor dem Servieren zusammensetzen: Die Himbeeren mit Zucker mischen. Die Sahne steif schlagen. Einen Löffel Sahne auf den Lebkuchen geben und die Himbeeren auf die Sahne legen. Mit einem Lebkuchen die Füllung bedecken. Mache mehrere Schichten. Den letzten Lebkuchen mit Puderzucker bestreuen

## DU BENÖTIGST

- 100 g Butter
- 110 g Puderzucker
- 150 g Honig
- 80 g Mehl
- 2 Eiweiß
- eine Prise Zimt
- eine Prise Nelke
- ½ l Sahne
- 700 g Himbeeren
- 2 Esslöffel Zucker
- Puderzucker

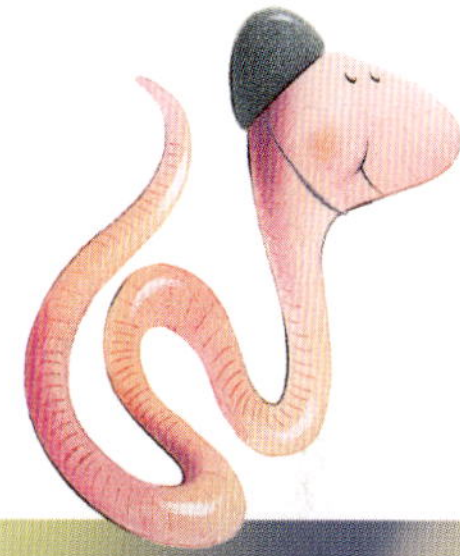

# KRÄUTERDUFT

# DUFTE KRÄUTER

**Kräuter und Gewürze wachsen überall. Auf der Fensterbank, auf dem Balkon und auf der Terrasse, in Töpfen oder im Beet des Hausgartens. In der Küche kannst du sie vielfältig verwenden: Oregano für die Pizza, Schnittlauch für den Salat und Salbei für den Tee.**

Die stark duftenden **Oregano**blätter sind das wichtigste Gewürz der mediterranen Küche. Er wächst schnell, daher sollte man ihn beschneiden. Trockne die Blätter, um einen Wintervorrat anzulegen. Bienen lieben Oreganoblüten.

**Rosmarin** kommt aus dem Mittelmeerraum. Er braucht Sonne und sandigen Boden. Gieße die Pflanze nur wenig, da sie keine Feuchtigkeit mag. Die nadelartigen Blätter nicht einzeln pflücken, sondern immer kleine Äste abtrennen.

**Majoran** wächst schnell, daher sollte er regelmäßig beschnitten werden. Was du nicht verbraucht hast, bindest du zu Bündeln und trocknest es, um einen Wintervorrat anzulegen. Das Aroma ist während der Blütezeit am ausgeprägtesten. Majoran ist ein guter Nachbar von Karotten.

Tee aus frischen oder getrockneten **Melisse**nblättern wirkt erfrischend und zugleich beruhigend. Zitronenmelisse pflanzt du immer in einen tiefen Topf. Im Beet wuchert sie schnell durch den halben Garten.

**Schnittlauch** ist eine mehrjährige Pflanze, die im Frühjahr blüht. Pflanze ihn in der Nähe von Karotten, da der Knoblauchgeruch den Befall von Karottenfliegen reduziert. Auch seine kleinen violetten Blüten sind essbar.

Die **Salbei**blätter ähneln kleinen Kaninchenohren. Pflanze Salbei an einen sonnigen Standort. Salbei ist ein ausgezeichneter Nachbar von Kohl, Tomaten und Bohnen. Er wehrt Schädlinge ab und verhindert Schimmelbefall.

**Minze** breitet sich unterirdisch rasend schnell aus und sollte deshalb in einen Topf gepflanzt werden. Du kannst sie auch mit dem Topf ins Beet setzen und im Herbst nach drinnen nehmen. Pflanze die Minze neben Zucchini, Blumenkohl, Kohlrabi, Karotten oder Kopfsalat.

**Basilikum** mag Halbschatten und wehrt Schad-Insekten ab. Pflanze Basilikum mit Tomaten, Paprika, Auberginen, Gurken, Spinat, Kohlrabi und Petersilie. Schneide die Blüten ab, dann wird das Pflänzchen buschig.

Es gibt etwa 60 verschiedene Arten von Basilikum. Unter den Raritäten am bekanntesten sind das violettblättrige Basilikum und das griechische Basilikum, das die Form eines kleinen Baumes hat.

**Thymian**, auch Kuttelkraut genannt, ist ein immergrüner Strauch mit violetten Blüten, die Bienen anziehen. Schneide die Würzpflanze nach der Blüte zurück, damit sie nicht verholzt. Er sollte neben Blumenkohl, Kohlrabi, Kohl und Sellerie wachsen.

Du kannst **Petersilie** selbst säen oder Pflänzlinge kaufen. Sie wächst auch im Schatten gut. Es gibt glatte oder krause Petersilie.
Du kannst nicht nur die Blätter der Petersilie essen: Ihre Wurzel ist ein leckeres Suppengemüse.

Wenn du eine **Estragon**pflanze kaufen möchtest, dann probiere zuerst ein Blatt. Es gibt recht unterschiedliche Arten von Estragon, die sich im Geschmack unterscheiden. Wähle also eine aus, die du magst.

REZEPT

# KRÄUTERSCHNECKEN

Den Blätterteig dünn ausrollen. Quark mit saurer Sahne, dem Ei und ein wenig Salz verrühren. Den geräucherten Speck in Würfel schneiden. Schneide die Zwiebel in dünne Scheiben, in heißem Öl glasig dünsten. Die Kräuter (beispielsweise Estragon, Schnittlauch, glatte Petersilie, Salbei und Thymian) und den Knoblauch fein hacken. Verteile zunächst den Quark auf dem ausgerollten Teig. Speck, Käse, Zwiebeln und Kräuter darüber streuen. Den Teig zu einer Rolle formen. Schneide die Rolle mit einem Sägemesser vorsichtig in etwa 2 cm dicke Scheiben. Lege sie auf ein mit Backpapier ausgelegtes Backblech. Lege sie etwas auseinander, da sie beim Backen leicht aufgehen werden. Bei 200 Grad 20 Minuten lang backen.

## DU BRAUCHST:

- 1 Packung Blätterteig
- 200 g Quark (alternativ Doppelrahmfrischkäse)
- 200 g saure Sahne
- 1 Ei
- 100 g geriebenen Käse
- 150 g geräucherten Speck
- eine kleine Zwiebel
- Knoblauch
- Salz
- ein wenig Öl
- eine große Handvoll verschiedener, fein gehackter Kräuter

# BORRETSCH

Borretsch, im Volksmund Gurkenkraut genannt, ist ein einjähriges Würzkraut, mit einer Wuchshöhe von bis zu 70 cm. Der Borretsch stammt aus dem Orient. Stängel und Laubblätter sind borstig behaart. Die blauen Blüten des Borretschs sind reich an Nektar und damit ein Magnet für Bienen.

**Borretsch in Gesellschaft:** Er verträgt sich mit allen Gemüsesorten, insbesondere mit Zucchini, gut. Er vertreibt die Weiße Fliege von Gemüsekohl.

**Auf dem Teller:** Die Blüten des Borretschs haben einen milden, gurkenähnlichen Geschmack. Die jungen Blätter und Blüten werden geerntet und frisch oder getrocknet verwendet. Borretsch passt prima in Kräutersoßen, Kräuterbutter und Salat. An Gurkengerichten sollte er nicht fehlen, kann aber auch Fisch- und Eierspeisen, Kartoffeln, Quark, Pilzen und sogar Smoothies beigefügt werden.

REZEPT

## ZUCKERBLÜTEN

**Blumen sind nicht nur schön für das Auge. Viele haben einen einzigartigen Geschmack – wie etwa die Rose.**

So kandierst du Blüten(blätter): Das Eiklar mit einer Gabel schaumig verschlagen. Trage es mit einem weichen Pinsel auf die Blütenblätter auf. Nicht zu viel, damit es schnell trocknet. Streue dann Kristallzucker auf die mit Eiweiß bemalte Blume. Lege die Blumen auf ein Kuchengitter, damit das überschüssige Eiweiß abtropfen kann. Am nächsten Tag kannst du deinen Nachtisch mit kandierten Blüten dekorieren. Je länger die Zuckerblumen trocknen, desto kleiner werden sie. Sie sind ein paar Wochen haltbar.

### ZUM KANDIEREN GEEIGNETE BLÜTEN

Kirschblüten, Löwenzahn, Stiefmütterchen, Veilchen, Rosmarinblüten, Gartennelken, Rosen, Weißdorn, Akazien, Gänseblümchen, Holunder, Kamille, Passionsblumen, Ringelblumen, Zitronenblüten, Orangenblüten, Mandarinenblüten, Magnolienblüten, Lavendelblüten, Flammenblume, Minze (Blätter und Blüten), Paprika, Geranien.

# STUDENTENBLUME

Hast du schon an einer Studentenblume (Tagetes) geschnuppert? Viele nennen sie wegen ihres charakteristischen Geruchs auch türkische Nelke. Milben, Blattläuse, Würmer und andere Schädlinge im Boden vertreibt ihr Geruch, aber Schnecken lieben sie. Umliegendes Gemüse ist vor Schnecken sicher, so gierig sind die kleinen Biester auf diese Blume.

**Die Studentenblume in Gesellschaft:** Sie wächst gerne neben Tomaten, Paprika, Auberginen, Kohl, Kopfsalat, Blumenkohl oder Radieschen.

**Auf dem Teller:** Die Blütenblättern haben einen scharfen Geschmack. Füge sie deinem Salat hinzu. Mit ihnen kannst du aber auch dein Risotto färben und würzen.

**Tipp: Die verblühten Blütenköpfe der Studentenblume abzupfen. Damit förderst du die Bildung neuer Blüten.**

# RINGELBLUME

Die gelben und orangefarbenen Blüten der Ringelblumen sehen wie kleine Sonnen zwischen deinen Gemüsebeeten aus. Sie ziehen nützliche Insekten an und vertreiben Schnecken. Ringelblumen haben eine positive Wirkung auf die Mikroorganismen im Boden. Die Ringelblume ist prima für die Wettervorhersage: Wenn die Blüten nach 7 Uhr morgens noch geschlossen sind, wird es an diesem Tag regnen.

Die alten Ägypter und Römer glaubten an die verjüngende Wirkung von Ringelblumen. Sie legten Kränze aus Ringelblumen unter das Bett, um den Schlaf zu beschützen und Träume wahr werden zu lassen.

**Ringelblumen in Gesellschaft:** Sie wachsen gerne mit Paprika, Kartoffeln, Erbsen, Möhren, Auberginen, Blumenkohl, Gurken, Tomaten und Kohl. Ringelblumen lenken die Raupen von den begehrten Kohlpflanzen ab!

**Auf dem Teller:** Verwende die äußeren Blütenblätter für einen farbenfrohen Salat.

# KAPUZINERKRESSE

Die Kapuzinerkresse ist eine einjährige Pflanze mit gelben, roten oder orangefarbenen Blüten, die wie ein Wasserfall von den Blumentöpfen herabhängen. Die wunderschönen Blüten wirken jedoch nicht nur auf uns anziehend, sie ziehen auch Blattläuse an. Deshalb sind andere Pflanzen in ihrer Nähe vor diesen „Bösewichten" sicher. Die Kapuzinerkresse vertreibt zudem Mäuse.

**Kapuzinerkresse in Gesellschaft:** Sie ist ein netter Nachbar für Paprika, Tomaten, Auberginen, Kartoffeln, Bohnen und Kohlköpfe.

**Auf dem Teller:** Kapuzinerblüten haben einen unverwechselbaren pfeffrigen Geschmack. Sie beleben grüne Salate und können auch in Kräuterbutter gemischt werden.

REZEPT

## BLÜTENBUTTER

### DU BRAUCHST:

- Butter
- Salz
- Kapuzinerkresseblüten und -blätter
- Borretschblüten zur Dekoration

1 Lass die Butter bei Zimmertemperatur weich werden. Die Blüten und Blätter der Kapuzinerkresse kleinschneiden. Butter dazugeben, salzen und alles mit einer Gabel vermengen. Die Kapuzinerbutter in Eiswürfelförmchen geben und kaltstellen. Herausdrücken und mit Borretschblüten dekorieren. Die Blütenbutter schmeckt hervorragend auf Brot, zu Fisch, Fleisch oder gegrilltem Gemüse.

**Tipp: Du kannst die Butter aber auch zu einer Rolle formen und in Frischhaltefolie eingewickelt im Kühlschrank aufbewahren.**

# KAMILLE

Kamillenblüten sind diese kleinen gänseblümchenartigen Blüten, die einen Heiltee mit angenehmem Duft und mildem Geschmack ergeben. Die Kamillenblüten haben aber nicht nur eine positive Wirkung auf uns Menschen, sondern auch auf die Nachbarn, die in ihrer Nähe wachsen. Wildwachsend findest du Kamille in der Nähe von Getreidefeldern und an Wegrändern.

**Kamille in Gesellschaft:** Die Kamille verträgt sich ausgezeichnet mit allen Gemüsesorten in deinem Garten, besonders mit Kohlrabi, Lauch und Zwiebeln sowie Sellerie. Außerdem vertreibt sie lästige Fadenwürmer.

**In einer Tasse:** Kamillentee hat viele heilende Eigenschaften. Er hilft bei Bauchschmerzen und beim Einschlafen. Wunden heilen schneller mit Umschlägen aus Kamillentee. Kamille pflegt auch deine Haare: Blondes Haar kannst du aufhellen, indem du es nach dem Waschen mit Kamillentee ausspülst.

Pflücke die Blüten und bewahre sie getrocknet in Gläsern auf. Die luftdicht verschließbaren Gefäße solltest du an einem dunklen kühlen Ort aufbewahren, dann behält die Kamille ihr Aroma und Heilkraft für mindestens ein Jahr.

# LAVENDEL

Lavendel ist ein immergrüner Strauch mit grauen oder grünen Blättern und violetten, spitzen Blüten. An Sommertagen, an denen Lavendelduft noch ausgeprägter ist, sind seine Blüten voller Bienen. Seit der Zeit der alten Römer verführt Lavendel die Damenwelt mit seinem Duft. Seit der Antike wird Lavendel in Badezusätzen verwendet, denn sein Duft entspannt. Das Wort Lavendel wird vom lateinischen Wort „lavare“ abgeleitet, was so viel wie „waschen“ bedeutet.

**Lavendel in Gesellschaft:** Er ist ein guter Nachbar aller Gemüsesorten. Sein Duft wehrt Ameisen und Blattläuse ab.

**In einer Tasse:** Lavendeltee wirkt als mildes Beruhigungsmittel bei Unruhe und Schlaflosigkeit. Er regt den Appetit an, reguliert die Verdauung und hilft beim Enschlafen.

**Lavendel im Schrank:** Fülle einen Stoffbeutel mit getrockneten Lavendelblüten und hängen ihn in deinen Kleiderschrank. Der sanfte Lavendelduft vertreibt gefräßige Motten und frischt deine Wäsche auf.

REZEPT

# LAVENDELDUETT

## LAVENDELKEKSE

Die Lavendelblüten fein hacken und mit den übrigen Zutaten zu einem glatten Teig kneten. Den Teig ausrollen und mit Keksausstechern Blütenkekse ausstechen. Die duftenden Kekse 12–15 Minuten im vorgeheizten Ofen bei 180 Grad backen. Die ausgekühlten Kekse mit Puderzucker bestreuen.

### DU BRAUCHST:

- 80 g Zucker
- 100 g Weizenmehl
- 100 g Dinkelmehl
- 80 g gemahlene Mandeln
- 1 Ei
- 200 g weiche Butter
- 15 Lavendelblütenrispen
- Prise Salz
- Puderzucker

## LAVENDELSIRUP

Den Zucker und das Wasser in einen Topf geben. Kochen, bis sich der Zucker aufgelöst hat. Gib die zerkleinerten Lavendelblüten und die Zitronenverbene dazu und lass die Mischung etwa 20 Minuten brodeln. Den Sirup durch ein Sieb geben und im Kühlschrank aufbewahren. Du kannst ihn mit kaltem Mineralwasser verdünnen.

### DU BRAUCHST:

- 2 Tassen Wasser
- 1 Tasse Zucker
- 20 Lavendelblüten
- 1 Zweig Zitronenverbene

# BUCHEMPFEHLUNGEN FÜR DICH

ISBN 978-3-7724-4980-2

ISBN 978-3-7724-8483-4

ISBN 978-3-7724-8423-0

ISBN 978-3-7724-4474-6

ISBN 978-3-7724-8460-5

ISBN 978-3-7724-4650-4

VIELE WEITERE KREATIV-BÜCHER FINDEST DU AUF WWW.TOPP-KREATIV.DE

ISBN 978-3-7724-4399-2

ISBN 978-3-7724-4395-4

ISBN 978-3-7724-4391-6

ISBN 978-3-7724-4613-9

ISBN 978-3-7724-4454-8

ISBN 978-3-7724-4472-2

ISBN 978-3-7724-4545-3

ISBN 978-3-7724-8462-9

ISBN 978-3-7724-4676-4

ISBN 978-3-7724-4977-2

# #TOPPPROJEKT

Die eigene Kreativität zeigen: TOPPprojekt mit anderen Kreativen teilen und Teil der Gemeinschaft werden.

DIY-begeistert und auf Instagram? Dann unbedingt mitmachen! Hier gibt's Tipps und Feedback zu den eigenen Projekten. Außerdem verlosen wir jeden Monat ein Überraschungspaket. Um am Gewinnspiel teilzunehmen, einfach ein Bild vom Kreativ-Projekt aus unseren Büchern mit #TOPPprojekt posten und unserem Account @frechverlag folgen. Mehr Infos auf TOPP-kreativ.de/TOPPprojekt

## Website

Auf TOPP-kreativ.de kannst du ein riesiges Angebot von über 1.000 Kreativbüchern, Sets & mehr entdecken.

## Newsletter

Gleich anmelden unter: TOPP-kreativ.de/newsletter und immer als Erstes von unseren Neuheiten und Sonderaktionen erfahren.

## Instagram

@frechverlag

## Pinterest

pinterest.com/frechverlag

## Facebook

facebook.com/frechverlag

## DigiBib

Hier findest du zusätzlich zu vielen unserer Bücher digitale Extras, wie Video-Tutorials, Plotter-Dateien, Vorlagen, Übungsblätter & vieles mehr. Einfach im Impressum deines TOPP-Buchs den Freischalte-Code nachschlagen und exklusive Inhalte freischalten. TOPP-kreativ.de/digibib

## Youtube

youtube.com/frechverlag

# WER WIR SIND, WIE WIR ARBEITEN, WAS WIR LIEBEN …

Auf Instagram, Facebook und Pinterest findest du mehr über uns und unsere Arbeit und wirst immer schnell und einfach mit den neuesten Infos versorgt.

Alle News, alle Infos und alle Links findest du auf www.TOPP-kreativ.de

# IMPRESSUM

Die slowenische Originalausgabe erschien erstmals 2017 unter dem Titel **IZ LONČKA V LONEC** bei Allegro.

IZ LONČKA V LONEC
Naravno vrtnarjenje za male in velike vrtnarje ter odlični recepti iz domače kuhinje
Autorin: Rada Kos
Fotografie: Tadej Maligoj
Illustration: Maja Lubi

Die Autorin dankt Maja Modrijan, Slowenien (SMMART): Vrtičkarji (Modelle Seite 20).

**Für die deutsche Ausgabe:**
Fotografie: www.freepik.de S. 2 (Kind mit Mais, Kind mit Gurken, Kind mit Sonnenblume, Himbeeren), S. 3 (Kind mit Johannisbeeren, Keim), S. 8 (Kind mit Kiste), S. 9 (Kind mit Blumentopf), S. 33 (Ringelblume, Kind erntet Tomaten), S. 39 (Kind mit Gießkanne), S. 42 (gemeinsam pflanzen), S. 50 (Igel), S. 51 (Kind mit Schmetterling), S. 73 (Kind mit Mais), S. 85 (bunte Karotten), S. 96/97 (Kräuterkorb), S. 111 (Regenwurm)
Übersetzung: Miriam Sontag, Ljubljana (Slowenien)
Produktmanagement und Lektorat: Anja Klett
Covergestaltung: Tatjana Weiß
Layout: Eva Hook
Herstellung: Jessica Siebert
Satz: Arnold & Domnick GbR, Leipzig
Druck und Bindung: PNB Print Ltd, Lettland



2. Auflage 2022

ISBN: 978-3-7724-4651-1 • Best.-Nr. 4651

FSC www.fsc.org MIX Paper from responsible sources FSC® C084698

Penguin Random House Verlagsgruppe
FSC® N001967